Todos los libros de Linkgua Ediciones cuentan con modelos de Inteligencia Artificial entrenados por hispanistas. Pregúntale al chat de tu libro lo que desees acerca de la obra o su autor/a.

Para ebooks: Accede a nuestro modelo de IA a través de este enlace.

Para libros impresos: Escanea el código QR de la portada con tu dispositivo móvil.

Obtén análisis detallados de nuestros libros, resúmenes, respuestas a tus preguntas y accede a nuestras ediciones críticas generativas para una experiencia de lectura más enriquecedora.
La transparencia y el respeto hacia la autoría de las fuentes utilizadas son distintivos básicos de nuestro proyecto. Por ello, las respuestas ofrecen, mediante un sistema de citas, las fuentes con las que han sido elaboradas.

Félix Lope de Vega y Carpio

Las paces de los reyes y judía de Toledo

Barcelona 2024
Linkgua-ediciones.com

Créditos

Título original: Las paces de los Reyes y Judía de Toledo.

© 2024, Red ediciones S.L.

e-mail: info@linkgua.com

Diseño de cubierta: Michel Mallard.

ISBN rústica ilustrada: 978-84-9007-767-2.
ISBN tapa dura: 978-84-1126-986-5.
ISBN ebook: 978-84-9897-737-0.

Sumario

Brevísima presentación

La vida

Félix Lope de Vega y Carpio (Madrid, 1562-Madrid, 1635). España.

Nació en una familia modesta, estudió con los jesuitas y no terminó la universidad en Alcalá de Henares, parece que por asuntos amorosos. Tras su ruptura con Elena Osorio (Filis en sus poemas), su gran amor de juventud, Lope escribió libelos contra la familia de ésta. Por ello fue procesado y desterrado en 1588, año en que se casó con Isabel de Urbina (Belisa).

Pasó los dos primeros años en Valencia, y luego en Alba de Tormes, al servicio del duque de Alba. En 1594, tras fallecer su esposa y su hija, fue perdonado y volvió a Madrid. Allí tuvo una relación amorosa con una actriz, Micaela Luján (Camila Lucinda) con la que tuvo mucha descendencia, hecho que no impidió su segundo matrimonio, con Juana Guardo, del que nacieron dos hijos.

Entonces era uno de los autores más populares y aclamados de la Corte. En 1605 entró al servicio del duque de Sessa como secretario, aunque también actuó como intermediario amoroso de éste. La desgracia marcó sus últimos años: Marta de Nevares una de sus últimas amantes quedó ciega en 1625, perdió la razón y murió en 1632. También murió su hijo Lope Félix. La soledad, el sufrimiento, la enfermedad, o los problemas económicos no le impidieron escribir.

Un rey enamorado

Hacia 1270, la *Crónica General* de Alfonso X el Sabio alude por primera vez a un episodio de la vida de Alfonso VIII (1155-1214): quien en 1170, recién casado con Leonor de Aquitania, se enamoró de una judía de Toledo, (Raquel la Fermosa), y se encerró con ella durante casi siete años olvidando a su legítima mujer y su reino. Las crónicas afirman que los nobles de la Corte decidieron matar a la judía.

Este argumento ha sido tratado entre otros por Lorenzo de Sepúlveda (1551), Mira de Amescua, Luis de Ulloa y Pereyra, Juan Bautista Diamante y García de la Huerta (1772).

Las paces de los reyes y judía de Toledo

Personajes

Acompañamiento
Belardo, hortelano
Beltrán de Rojas
Clara, dama
Criados
David, judío
Dominguillo, truhán
Don Blasco
Don Esteban Illán
Don Illán, mancebo
Don Millán
Don Nuño
Doña Costanza, dama
Doña Elvira
Doña Leonor, reina
El conde don Manrique
El rey, Alfonso VIII
Enrique, niño
Fernán Ruiz
Fileno, viejo
Garcerán Manrique
Gente
Leví, su hijo
Lope de Arenas
Músicos
Pero Díez, soldado
Raquel, judía
Sibila, su hermana
Soldados
Un ángel
Un barbero
Una sombra

Jornada primera

La escena es en Toledo y sus cercanías, en el castillo de Zurita y en Illescas.

(Vista exterior de la iglesia de San Román, en Toledo. Don Esteban Illán y el conde don Manrique, en la torre de la iglesia.)

Conde

¡Toledo por Alfonso, rey legítimo
de Castilla! ¡Toledo por Alfonso,
hijo del rey don Sancho el Deseado,
y del emperador de España nieto!

Don Esteban

¡Toledo por Alfonso, castellanos,
no por Fernando de León, su tío!
¡Alfonso es vuestro rey, Alfonso viva!

(Fernán Ruiz, Lope de Arenas, gente, con espadas desnudas; dichos.)

Fernán Ruiz

¿Quién alborota la ciudad, soldados?
¿Qué es esto de decir que viva Alfonso?
¿No sabéis que Toledo se defiende
por el rey de León, y que yo tengo
su alcázar por Fernando, y que los muros
no se darán al de Castilla en tanto
que tenga los quince años que su padre
mandó en su testamento? ¿Qué dais voces?

Conde

Fernán Rüiz, aunque Fernando lleva
de Toledo las rentas, y se llama
injustamente su señor, bien sabes
que Alfonso, su sobrino, es rey legítimo;

                    bien sabes que ha querido y procurado
                    quitarle el reino, y que guardó su vida
                    la gran lealtad de los hidalgos de Ávila,
                    que le han criado y defendido siempre.
                    Toledo quiere darse a su rey; deja
                    que el rey goce a Toledo.

Fernán Ruiz   Si se guarda
                    la ciudad por Fernando, ¿cómo quieres
                    que la pueda cobrar el niño Alfonso?

Don Esteban   ¿No fue concierto que, si entrar pudiese
                    Alfonso en la ciudad, se obedeciese?

Lope   Así es verdad, Esteban; mas ¿no miras
                    que es imposible entrar? ¿Por qué alborotas
                    desde esa torre la ciudad? Advierte
                    que es alto San Román; pero no es fuerte.

Don Esteban   Si yo os mostrase el rey, si Alfonso mismo
                    estuviese en Toledo, caballeros,
                    ¿sería justo obedecerle?

Fernán Ruiz   ¿Cómo
                    puede ser que, guardándose las puertas
                    con tanta vigilancia, Alfonso entrase?

(El rey Alfonso, niño, en la torre; dichos.)

Don Esteban   Castellanos, ¿no es éste el rey Alfonso?
                    ¿No es éste vuestro rey?

| Fernán Ruiz | ¡Cielo! ¿Qué veo? |

| Don Esteban | Éste es Alfonso, si os preciáis de godos. |

| Conde | Hablad, señor decid quién sois a todos. |

Rey

Generosos castellanos,
yo soy el rey de Castilla.
No os parezca maravilla
que me tengan estas manos;
ellas y Ávila me han dado
la vida, que el desvarío
del rey de León, mi tío,
tantas veces me ha quitado,
Manrique me trujo al muro
de Toledo, y dentro dél
me puso un pecho fiel,
hidalgo, noble y seguro.
Este es Esteban Illán,
que por alcázar me ha dado,
mientras ando desterrado,
la torre de San Román.
Aquí estoy. Si no estoy bien,
si no estoy en lo que es mío,
combatidme; que yo os fío
que me defiendan también.
Esa, volved las espadas
contra vuestro rey, subid.

| Fernán Ruiz | Rey, mi señor, oid. |

| Rey | Decid. |

Fernán Ruiz   Todas están envainadas,
y nunca permita Dios,
por su poder soberano,
que espada de castellano
salga jamás contra vos.
El alcázar que tenía
os dejo; pero no puedo
esperar más en Toledo.
Vos sabéis la lealtad mía;
mas sobre vuestra crianza,
Laras y Castros tenemos
bandos, que averiguaremos
algún día lanza a lanza.
Bien me entiende el conde.

Conde   Aquí,
y siempre que tú quisieres;
que he sido leal.

Fernán Ruiz   Sí eres;
pero aprendiste de mí.

Conde   Yo te buscaré.

Fernán Ruiz   Ya sabes
que te aguardaré, Manrique.

(Vanse Fernán Ruiz y los que vinieron con él, menos Lope de Arenas.)

(El rey, don Esteban y el conde, en la torre; Lope de Arenas, abajo.)

Lope

Aunque Toledo se aplique
a dar a Alfonso las llaves,
el castillo de Zurita
no he de dar, aunque el rey venga,
hasta que quince años tenga.

Conde

Lope, a los nobles imita.

Lope

Si es testamento del rey,
su padre, ¿por qué he de dar
lo que le podréis tomar?
Guardalle es más justa ley.
Qué sé yo cuál de vosotros,
si con las fuerzas se ve,
querrá ser rey?

Conde

Yo no sé
que haya tal hombre en nosotros;
porque quien al rey guardó
de la furia de su tío,
y con tan hidalgo brío
le amparó y le defendió
desde que, envuelto en pañales,
de tantos fue perseguido,
¿cómo, de ambición movido,
podrá hacer bajezas tales?

Rey

¡Lope de Arenas!...

Lope

¿Señor?...

Rey   ¿Por qué el castillo me niegas?
                        ¿No sabes tú que le entregas
                        a tu rey?

Don Esteban   ¡Qué gran valor!

Lope   Quien me le ha entregado a mí
                        a vuestro padre obedece.

Rey   ¿Esa respuesta merece
                        tu rey?

Lope   Siendo justo, sí.
                        Si habéis de tener quince años,
                        servíos, señor, por Dios,
                        de que le tenga por vos.

Rey   Bastan estos desengaños
                        de la lealtad de mi gente
                        para dármele.

Lope   No puedo.

Rey   Pues pondrá luego Toledo
                        Su gran corona en mi frente;
                        que yo te le iré a quitar
                        con las armas.

Lope   Bien podéis;
                        mas mientras no le toméis,
                        Señor, no os le puedo dar.

(Vase.)

(El rey, don Esteban, el conde.)

Rey	¿Qué os parece deste hidalgo?

Conde	¿Que con su buena intención
piensa que a haceros traición,
y no a defenderos, salgo.
Tomad la corona aquí
y sacad luego la espada.

Rey	Ya la tuviera sacada,
a estar, como en vos, en mí.
Ceñídmela, conde, os ruego;
que vos veréis el estrago
que en estos villanos hago.

Conde	Vamos, y ceñilda luego;
que sin duda seréis vos
de tantas virtudes lleno,
que os llamen Alfonso el Bueno.

Rey	Conde, el bueno solo es Dios.

Conde (Aparte a don Esteban.)
	¿Qué os parece del rapaz?

Don Esteban	Que ha de ser para su tierra
un César para la guerra
y un Numa para la paz.

(Vanse.)

(Sala en el castillo de Zurita. doña Costanza, Dominguillo.)

Doña Costanza   Tarda de venir don Lope
                 novedad hay en Toledo.

Dominguillo   Pensar, señora, no puedo
                 en que su tardanza tope.
                 Fernán Ruiz el castellano
                 tiene en aquesta ocasión
                 por Fernando de León
                 el alcázar toledano.
                 Las puertas están guardadas
                 de armas y gente por él.

Doña Costanza   Yo, tengo el corazón fiel,
                 y de las cosas pasadas
                 voy sacando las presentes.

Dominguillo   Amar y temer es ley
                 de amor.

Doña Costanza   La lealtad del rey
                 tiene mil inconvenientes.
                 Dicen muchos que es razón
                 que se guarde el testamento.

Dominguillo   Lo mismo, señora, siento,
                 y es lo demás confusión.
                 Al rey, ¿por qué se han de dar
                 las fuerzas que a cobrar viene,

mientras su edad no las tiene
para saberlas guardar?
Que estén por él es mejor,
que no que alguno las tenga
que antes que él a reinar venga.
Pero admírame tu amor.
Pensaba yo que estuvieras
más ociosa de las damas
de Toledo, si es que amas
lo que cuidadosa esperas,
que no de los cortesanos
que andan al lado del rey.

Doña Costanza   Si amor tiene ya por ley
sospechas y celos varios,
yo sé que el mayor amor
es desear una dama
la vida de lo que ama.

(Un criado; dichos.)

Criado   El alcaide, mi señor,
ha llegado en este punto
a la puerta del castillo.

Doña Costanza   Toma, Liseno, este anillo;
di que mi bien todo junto.
¿Viene bueno?

Criado   Y con cuidado
de defender esta fuerza.

Doña Costanza   ¿A quién?

Criado   Al rey.

Doña Costanza   ¿Qué le esfuerza?

Criado   Dice que haberlo jurado
a Gutier Fernández, que es
quien la fuerza le entregó.

Doña Costanza   Al rey se la diera yo,
y quejárase después.

Dominguillo   ¿Cómo? ¿Por qué causa o ley,
si hizo pleito homenaje?

Doña Costanza   Domingo, no cabe ultraje
en servir a Dios ni al rey.
Dios sobre todo, el rey luego.
Voy a ver a mi Lope.

(Vase.)

(Dominguillo, el criado.)

Dominguillo   Di,
¿qué hay en Toledo?

Criado   No vi
cosa que llegase a fuego.
Que don Esteban Millán
al rey metió de secreto

en la ciudad, y a este efeto
la torre de San Román
de alcázar le sirve agora.

Dominguillo   Pues si Alfonso está en Toledo,
pierda, quien le guarda, el miedo.
Lo más fuerte vive y mora.

Criado   ¿Qué importa, si tantas fuerzas
no se le dan, y ésta, que es
de las más fuertes que ves?

Dominguillo   ¡Qué bien su partido esfuerzas!
Vete con Dios.

Criado   Voy a ver
si se acaba de apear.

(Vase.)

(Dominguillo, solo.)

Dominguillo   Camino he venido a hallar
para tener de comer.
Si dar la fuerza al rey pruebo,
bravamente le serví.
Mas ¿cómo lo digo ansí,
si a Lope de Arenas debo
la misma vida que vivo,
la crianza y ser que tengo?
Pero, si a pensarlo vengo,
de todo mi bien me privo.

Lo vivido ya pasó.
Lo que falta es lo que importa;
y aunque es la vida tan corta,
¿dónde puedo tener yo
mi remedio más seguro?
De don Lope soy privanza;
que es la más cierta esperanza
del fin del bien que procuro;
y yo sé que en toda España
dirán, viendo mi intención,
que fue a don Lope traición,
y para mi rey hazaña.

(Vase.)

(Iglesia Mayor de Toledo. Acompañamiento; y detrás, el conde, don Esteban, don Illán, doña Elvira y el rey.)

Conde   Hoy, que venís a armaros caballero,
heroico Alfonso, claro descendiente
de Sancho, igual en armas al primero,
y en la desdicha que lloráis presente,
oíd, como legítimo heredero
de aquel príncipe invicto y excelente,
a qué debe quedaros obligada
al diestro lado la ceñida espada.
La ley de Dios, Alfonso, su fe santa
habéis de defender siempre con ella,
y para dilatarla en gloria tanta,
habéis de hacer que el moro tiemble della.
Al Betis, al Genil que se levanta
a ver del Tajo la corriente bella,

habéis de dar un tajo de tal modo,
que su cristal se vuelva en sangre todo.
La patria y reino vuestro defendido
será de vos; daréis, Alfonso, amparo
a la justicia y leyes que ha tenido
del uno y otro vuestro abuelo claro.
Las damas, pues que dellas habéis sido,
y sois de quien sabéis fénix tan raro,
tendrán defensa en ese blanco acero.
¿Haréislo así?

Rey   Manrique, en vos lo espero,
con cuyo amparo, de su fe divina
seré defensa, y de mi patria amada.

Conde   Costumbre es de Castilla peregrina
que os ciña quien veréis la ilustre espada.
Corred al santo Apóstol la cortina,
por quien fue de los moros restaurada;
que su imagen es hecha de tal modo,
que os la pondrá y hará dichoso en todo.

(Descubren sobre un altar y gradas a Santiago, a caballo, armado
y con una espada dorada en la mano.)

Rey   ¿La imagen me podrá ceñir Manrique,
la espada?

Conde   Sí, señor; que está labrada
con artificio igual, que a quien se aplique
a sus pies, le podrá ceñir la espada.

Rey

Dejadme que al Apóstol le suplique
la haga de vitorias siempre honrada.

Conde

Subid las gradas al altar; que luego
oirá el Apóstol vuestro santo ruego.

Rey

Apóstol, primo de Cristo,
Diego, santo caballero
de los cielos, cuyo acero
España dichosa ha visto
tantas veces en defensa
de su cerviz oprimida:
tomad esta tierna vida
en vuestra virtud inmensa.
Un rey de Castilla soy,
que en las mantillas lo fui;
nunca al rey mi padre vi;
Señor este nombre os doy.
Sed mi padre en defenderme
de mi tío, que es león,
y quiere en esta ocasión
como a cordero ofenderme.
Ceñidme de vuestra mano
esa espada; que os prometo
hacer que os tenga, respeto
el más rebelde africano.
Yo os juro, si llego a ser
hombre, de hacer que esa espada,
de rojo color bañada,
se vea resplandecer
en los más hidalgos pechos
que tenga toda Castilla,

porque con esa cuchilla
tomen vuestro nombre a pechos.
Cruz y espada de Santiago
haré que se llame en ellos,
porque por vos y con ellos
haga en los moros estrago.

(Cíñele la imagen la espada, con música, y luego le echa la bendición, y él se baja de las gradas.)

Don Esteban   Ya que ceñida el rey la espada tiene,
será bien que le calce vuestra esposa
las espuelas.

Conde   Illán, Elvira viene
para servir a Alfonso cuidadosa.
Sentaos, señor.

Rey   Hidalgos, si conviene,
por ser costumbre, que esta dama hermosa
me calce las espuelas, llegue luego;
pero si no, que no me calce os ruego;
que si juré para ceñir la espada
defender a las damas, no es defensa
que me calce señora tan honrada;
antes parece que les hago ofensa.

Doña Elvira   Si fuera la mujer más celebrada
que tuvo Roma en su grandeza inmensa,
no mereciera, a vuestros pies llegarme.
Dejad que os sirva, si queréis honrarme.

Rey   ¿No se puede excusar?

Don Esteban   De ningún modo.

Rey   Calzadme, pues.

Doña Elvira   A vuestros pies se humilla
esta esclava, señor.

Rey   Injusto apodo.
Sois del mundo la otava maravilla.

Conde   Ya que sois, señor, rey, honraldo todo,
como es costumbre antigua de Castilla:
mandad, haced mercedes.

Rey   Justo fuera,
si de qué las hacer, conde, tuviera.
Yo, niño rey, diez años perseguido,
sin patria, sin palacio, sin posada,
por una y otra parte siempre huido,
¿qué puedo dar, pues nunca tuve nada?
Más ya que hoy tomo el cetro, y me he ce-
   ñido,
para cobrar mis reinos, esta espada,
busquemos a los moros, porque quiero
daros lo que ganaré con su acero.

Don Esteban   Bien dice el rey en esto.

Conde   Tan bien dice
que le bendice, Esteban, todo el suelo.

(Don Nuño, dichos.)

Don Nuño   Sí, pero no ha de entrar en la conquista
de las tierras extrañas el que tiene
tantas guerras y daños en las propias.
Cobre Alfonso las suyas, y cobradas,
podrá poner la mano en las ajenas.

Conde   Don Nuño dice bien; que será justo
que dé principio a las que están más cerca.

Don Nuño   Cobremos el castillo de Zurita
de don Lope de Arenas, y entre tanto
podrá quedar el rey entreteniéndose.

Rey   ¡Cómo, quedarse el rey! ¿Sabéis, don Nuño,
qué corazón gobierna aqueste pecho?
¿Para quedarme me ceñís la espada?
Pues ésta no es espada que se queda;
que quien me la ciñó no me la diera,
si no supiera el temple que tenía.
Advertid que es espada de Toledo.
Mirad ¡qué lindo acero! Éste es un tajo
que en el agua del Tajo toma el temple;
éste un revés, que no le hará en su vida
a las obligaciones que he jurado.
Pues quien sabe que corta desta suerte
también sabrá cercar ese castillo.
Sígame el que quisiere, ¡ah caballeros!,
que de Santiago son estos aceros.

Conde   ¿Hay valor semejante? Bien parece
        nieto de tal abuelo.

Don Nuño   Y de tal padre
        heroico hijo.

Doña Elvira   Es Sol que resplandece
        del alba hermosa de tan noble madre.

Don Esteban   Si como en la virtud en la edad crece,
        ese nombre de Sol es bien le cuadre.

Conde   Bien cuadra a quien está de bondad lleno.

Don Esteban   Pues, señores, seguid a Alfonso el Bueno.

(Vanse.)

(Jardín del castillo de Zurita. Lope de Arenas, doña Costanza.)

Lope   En tanto que el fiero Marte
        su esfera sangrienta cierra,
        y a la paz la fiera guerra
        humilla el rojo estandarte;
        mientras el son animoso
        de la trompeta sonora
        cesa, me agrada, señora,
        la paz del ocio amoroso.
        Quéjaste de verme fiero;
        vesme aquí tierno en tus brazos,
        adonde con varios lazos
        vencer esas hiedras quiero.

No tiene aqueste jardín
más hojas en tantas flores,
que el alma te dice amores,
principios de amor sin fin.
Ya no me podrás culpar
que vengo airado y feroz.

Doña Costanza   Baja, don Lope, la voz;
que hay quien te pueda escuchar.
Y amores, aunque a mujer
propia, donde son verdades,
no sé si son necedades;
mas suélenlo parecer.

Lope   ¿Quién en el jardín está?

Doña Costanza   Dominguillo agora entró.

Lope   Criado que crío yo,
sin causa recelo os da.
Es Dominguillo la llave
de cuantos secretos tengo;
siempre con él voy y vengo,
todo cuanto intento sabe.
Aunque fuérades mi dama,
y no mi propia mujer,
jamás supiera ofender
con su lengua vuestra fama.
Es por todo extremo honrado,
aunque no es muy bien nacido.

Doña Costanza   Ya del jardín se ha salido,

viendo que me he recatado.
Para solo hablar de amor
con debida honestidad,
siempre fue la soledad,
Lope, el testigo mejor.
De una dama supe un día
que tanto se recataba,
que a los árboles miraba,
y esto a las hojas decía:
«Que veáis me causa enojos
mis amorosas congojas,
porque, como tenéis hojas,
están cerca de ser ojos».

Lope

Constanza, el bien sin testigos
muchos dicen que no es bien:
no te espantes de que den
parte dél a sus amigos.

Doña Costanza

Sí, esposo; pero los más
toman tanta parte dél,
que se nos quedan con él,
y no le vuelven jamás.
En tu vida donde quieras
dos veces lleves amigo.

Lope

Ya no dirás que contigo
no hablo de amor de veras;
ya, Costanza, no podrás
culpar la guerra.

Doña Costanza

Ya puedo

presumir que de Toledo
vienes, señor.

Lope   ¿Eso más?
No sé por dónde los cielos
os dieron este rigor,
que jamás habláis de amor
que no me os piquéis con celos.
Di agora que allá me vino
este tierno sentimiento.

Doña Costanza   Tú juzgas, tu pensamiento
yo voy por otro camino.

(Dominguillo, dichos.)

Dominguillo   ¿Agora en jardines verdes,
Lope de Arenas, estás?
¿Agora al sueño te das,
cuando es razón que recuerdes?
¿Agora a escuchar las fuentes
destos bellos cuadros bajas,
y los pífanos y cajas
de un ejército no sientes?
¿Agora con tu Costanza
das a las aves envidia,
y Alfonso no te fastidia
con pavés y lanza?
¿Agora tratas de amor,
niño ciego, la conquista,
cuando otro niño con vista
viene a conquistar tu honor?

¿Agora estás descuidado,
cuando Alfonso, cuidadoso,
con ejército famoso
hace selva lo que es prado?
Que siembra por su horizonte
sus lanzas en tanto exceso,
que no hay bosque más espeso
ni más enramado monte.
El no oír, me maravillo,
el relinchar los caballos,
porque tardan de alojallos,
Lope, en tu mismo castillo.
Ponte a la defensa luego:
que, aunque es niño, es español,
y rayo de tanto Sol,
que puede abrasarte en fuego.

Lope   Necio vienes, Dominguillo,
pues no has visto en tantos días
que no hay humanas porfías
contra tan fuerte castillo.
Reírme quiero de ti
y de Alfonso; que los dos
parecéis niños, por Dios:
él en venir contra mí,
y tú en decir que me guarde.
Los años de Troya son
pocos en esta ocasión,
aunque a sus pies los aguarde.
Alfonso no tiene culpa
en esta temeridad;
que su poca y tierna edad

de todo error le disculpa.
De los condes y vasallos
me río, pues le han traído.
Pero ¿ves todo el rüído
de armas, cajas y caballos?
A dos meses de esperar,
quedará tan sordo y quedo,
que se vuelvan a Toledo
a comer y a descansar.

Doña Costanza   ¿No sabes tú que este fuerte
es y ha sido inexpugnable?

Dominguillo   ¿Es mucho que en esto os hable
y que tema desta suerte?

Lope   No es mucho; pero es error
dar temor el que le tiene
a quien con ánimo viene
de ganar fama y honor.
Venid, Costanza, conmigo.

Doña Costanza   Yo sola, aunque soy mujer,
puedo el fuerte defender.

Dominguillo   Lo mismo, señora, os digo.

Doña Costanza   Dadme un pavés y una lanza.

Lope   Al muro, Costanza, al muro.

(Vanse Lope y doña Costanza.)

(Dominguillo, solo.)

Dominguillo   ¡Oh, cómo parte seguro,
                     con su querida Costanza,
                     en la fuerza deste fuerte,
                     porque no sabe que soy
                     quien al rey le ha de dar hoy,
                     a ella luto y a él la muerte!
                     Yo sé en el fuerte un portillo,
                     por donde pienso salir,
                     ir, venir, entrar y huir
                     a la plaza del castillo.
                     Presto verá lo que pasa;
                     que daña con gran rigor
                     en el cuerpo el mal humor
                     y el ladrón dentro de casa.

(Vista exterior del castillo de Zurita. Soldados, con cajas y ban-
dera; don Nuño, el conde, don Esteban, el rey, con gola y bastón;
Pero Díez.)

Rey   Aquí podéis hacer alto.

Don Nuño   ¡Qué bien gobierna!

Conde   Harto bien.

Rey   Era aquel sitio también
                     de agua y yerba escaso y falto.
                     Fuera desto, no tenía
                     de ningún modo reparo.

Don Nuño   Todo lo que dice es claro.

Don Esteban   Alguna deidad le guía.

Rey   Estará Lope de Arenas
                    confiado en que este fuerte
                    es como el nombre lo advierte.

Don Nuño   Ya parece en las almenas.

Don Esteban   A lo menos, sus soldados
                    y una gallarda mujer;
                    que él debe de pretender
                    tener los puentes guardados.

(Doña Costanza y soldados, en el muro; dichos.)

Rey   ¿Podré, belicosa dama,
                    llegaros a hablar seguro?

Don Nuño (Al rey.) No te acerques tanto al muro.

Don Esteban   Bien podrá, pues que le que llama;
                    que Lope no ha pretendido
                    ser traidor, sino cumplir
                    el homenaje.

Rey   Hasta oír,
                    quise llegarme atrevido;
                    que sois mujer principal,
                    y de damas como vos

confío mucho, por Dios.

Doña Costanza   Tenéis condición real.

Rey   ¿Cómo os llamáis?

Doña Costanza   En sabiendo
quien sois, os lo diré.

Rey   Soy
el rey.

Doña Costanza   Parabién os doy.

Rey   De ese parabién me ofendo;
que no soy rey desde ayer;
desde la cuna lo fui.

Doña Costanza   No os doy parabién aquí,
rey, de vuestro mismo ser.
De la espada y del bastón
y de la guerra primera
¿no era justo que os le diera?

Rey   Tenéis, señora, razón;
y creed que me ha pesado
que hayáis al muro salido.

Doña Costanza   ¿Tan mal os he parecido?

Rey   Antes, de veros me agrado;
pero, a la guerra primera,

me pesa mucho de ver
por defensa una mujer.

Doña Costanza   ¿Pareceos cosa ligera?

Rey   Cuando me ceñí la espada,
juré siempre defendellas;
pues si vengo contra ellas,
queda la jura quebrada.

Doña Costanza   Cortesano sois; no es mucho.
Los reyes nacen con canas.

Rey   Parece que en las ventanas
requiebros tiernos escucho.

Don Esteban   Déjate de entretener
damas en esta ocasión.

Rey   Decid quién sois, si es razón.

Doña Costanza   Del alcaide soy mujer.

Rey   Gocéisos por muchos años.

Doña Costanza   Muchos más os gocéis vos.

Rey   Pues ¿cómo os envía a vos
sucesos tan extraños?

Doña Costanza   Débele de parecer,
que basta para el rigor

de un niño conquistador
defensa de una mujer.

Rey

Mal su buen crédito abona.
Pues no se aseguren nada,
ni los muros de mi espada,
ni su honor de mi persona.

Doña Costanza

Antes, como no ofendéis
con la persona el honor,
menos el muro, señor,
con la espada que traéis.

Rey

No os pongáis en ocasión
de que sepáis lo que valgo;
que, hombre y rey, a serlo salgo.

Doña Costanza

No os enojéis.

Rey

               No es razón;
pero, porque habéis salido,
y cumplir lo que he jurado,
tratemos de paz.

Doña Costanza

                       Yo he dado
un medio.

Rey

                  ¿Qué medio ha sido?

Doña Costanza

Entre dentro un caballero,
y con don Lope lo trate,
seguro que no le mate.

Rey   ¿Quién irá?

Don Nuño   Yo mismo quiero
destos conciertos tratar.

Rey   Entra.

Don Nuño   Voy.

Doña Costanza   Y yo, señor,
avisaré a Lope.

(Retírase doña Costanza, y don Nuño va a la puerta del castillo.)

Rey   Amor
engendra, un cortés hablar.

Conde   Los soldados no han de ser
tiernos.

Rey   Ha poco que estoy
en la guerra. Por quien soy,
que es discreta la mujer.

(Dominguillo, el rey, el conde, don Esteban, Pero Díez, soldados.)

Dominguillo   Dejadme llegar.

Un Soldado   Espera.

Rey   ¿Qué es eso?

Soldado   Un hombre del fuerte,
que quiere hablarle.

Dominguillo   No el verte
me trujo desta manera,
sino el natural amor
y la debida lealtad.

Rey   Conozco tu voluntad.
¿Qué quieres?

Dominguillo   Oye, señor.
Si te doy este castillo,
¿darásme qué coma?

Rey   Sí.

Dominguillo   ¿A fe de rey?

Rey   Sí; mas di
tu nombre.

Dominguillo   ¿Yo? Dominguillo.

Rey   Hombre pareces de humor.

Dominguillo   Soy de Lope la privanza;
mas su misma confianza
será su muerte, señor.
Yo te quiero dar el fuerte;
que en diez años que aquí estés,

harás menos que en un mes.

Rey

  ¡Tú!

Dominguillo

    Sí, señor.

Rey

          ¿De qué suerte?

Dominguillo

Matando a Lope de Arenas.

Rey

Pues ¿cómo, si es tu señor?

Dominguillo

No es mi señor un traidor,
que te niega estas almenas.
Tú eres mi rey.

Rey

        Es ansí;
mas ¿cómo volver podrás,
si te han visto que aquí estás,
para fiarse de ti?

Dominguillo

Si se hallase algún soldado
que me sufriese una herida
(no que le cueste la vida,
que en eso tendré cuidado),
decir puedo que salí
a emprender aquella hazaña.

Conde

Lo que pide es cosa extraña.

Rey

¿Hay entre todos aquí
soldado alguno que quiera

sufrir una herida a este hombre?

Don Esteban   Por ganar tal fama y nombre
                   sospecho que alguno hubiera.

Conde   Pues ¿cómo una herida adarva
                   a hombres como vosotros?

Rey   Míranse unos a otros,
                   y a todos tiembla la barba.

Pero   Yo digo que sufriré,
                   si te importa tanto el fuerte,
                   una herida, y aun la muerte.
                   Ea, la herida me dé.

Rey   ¿De dónde eres?

Pero   De Toledo.

Rey   Claro estaba de saber.

Conde   ¿De dónde pudiera ser
                   mejor un hombre sin miedo?
                   Dime, soldado, tu nombre.

Pero   Pero Díez me apellido.

(Lope de Arenas, en el muro; dichos.)

Don Esteban   Al muro Lope ha salido.

Rey   ¡Vive Dios, que eres muy hombre!

No me olvidaré de ti.
Hiérele tú, Dominguillo;
que te mira en el castillo
Lope.

Dominguillo   ¿Quieres tú?

Pero   Yo sí.

Dominguillo   ¿Dónde quieres que te dé?

Pero   En la cabeza, villano.

Dominguillo   Vuelvela espalda.

Pero   Es en vano
eso, no la volveré.

Dominguillo   ¡Villano a mí! Toma.

(Huye.)

Pero   ¡Oh perro!

Conde   Seguilde.

Dominguillo   Abridme, señor;
que he muerto un hombre.

Don Esteban   ¡Ah traidor!

Lope (Retirándose.) Abrid.

Soldado (Dentro.)   Entra.

Lope (Dentro.)   Cierra.

Soldado (Dentro.)   Cierro.

El rey, el conde, don Esteban, Pero Díez, soldados.

Don Esteban   Bien el huir ha fingido.

Conde   ¡Hombre astuto!

Rey   Temerario.

Don Esteban   El curar es necesario
soldado tan bien herido.

Rey   ¿Quiéresme, Pedro, creer?
Con nacer como nací,
hoy tengo envidia de ti;
lo que eres quisiera ser.
Más, por tan alto interés,
quisiera la fortaleza
de esa herida en la cabeza,
que la corona que ves.
Haz cuenta, Pedro fiel,
que esta herida, y sangre honrada
es una cinta encarnada
con que has atado el laurel.
Más que las del fuerte al doble
honran tu frente esas puertas;

pésame que sangre viertas,
porque sin duda es muy noble.
Mas, pues Díez te apellidas,
llégame ese escudo acá;
que con diez dedos hará una
herida diez heridas.

(Úntase diez dedos en la sangre y hace diez bandas en el escudo.)

De tu sangre mis dos manos
estas diez bandas harán,
y por armas quedarán
a los Díez toledanos.
Harás el campo de plata,
pues las bandas son color.

Pero   Desta sangre fiad, señor,
que jamás se muestre ingrata;
que quien así la ofreció,
mil vidas os ofreciera.

Rey   Vete a curar.

Conde   No creyera
esto de Alejandro yo.
Mil años te guarde el cielo.

Don Esteban   Indicios bastantes son
de su mucha discreción
y de su piadoso celo.
Ven, señor, a descansar;
seguro tienes el fuerte.

Rey   Compralle con una muerte
                       de un noble, me da pesar.

Conde   Advertid que sois soldado;
                       no os habéis de enternecer.

Rey   Bien decís; que no he de ser
                       piadoso ni enamorado.

(Vanse)

(Sala del castillo.)

(Lope, Dominguillo.)

Lope   Notablemente anduviste.

Dominguillo   Quise que el rey y su gente
                       supiesen que un inocente,
                       que tu criaste y tuviste
                       en tu casa por juglar,
                       sabe hacer hazañas tales;
                       no los hombres principales,
                       a quien sueldo sueles dar.

Lope   No digas que un inocente.
                       En Roma no cuentan más
                       de Scévola; yo jamás
                       te imaginé tan valiente.

Dominguillo   Pues si necesario fuera,

no dudes que me dejara
quemar la mano, y pensara
que entre flores la tuviera.

Lope

Yo te aseguro que el rey
esté bien triste por esto.

Dominguillo

Alzará el cerco muy presto.

Lope

Hombre eres de buena ley.
No en balde bien te he querido,
no en balde siempre he fiado
mi vida de tu cuidado.

Dominguillo

No te engañas, justo ha sido,
porque solo soy bastante
que no dure el cerco un día.

Lope

Hoy afeitarme querría.

Dominguillo

Deja, señor, que me espante.
Tiénete Alfonso cercado,
y ¿ocúpaste en niñerías?

Lope

Hacen oficio de espías
estos dos que me ha enviado
el rey por embajadores,
y porque entiendan de mí
que me estoy durmiendo aquí
al son de sus atambores,
la barba, me quiero hacer.
Haz que vengan por acá.

Dominguillo	Éntrate, señor, allá;
	y haré que te venga a ver
	don Nuño, porque se espante
	del descuido con que estás.

(Vase don Lope.)

(Dominguillo, solo.)

Dominguillo	No imaginé que jamás
	Viera ocasión semejante.
	¿Qué más atado le quiero,
	que de los paños cercado?
	No ha muerto hombre amortajado
	como aqueste caballero.
	El barbero vino ya...
	Ya en la silla se ha sentado...
	¿Qué aguardo? ¿Qué estoy turbado,
	pues que la ocasión me da,
	no solamente cabellos,
	como a muchos que la ven,
	pero la barba también
	para asirle della y dellos?
	Arrimado a aquel rincón
	he visto un venablo fuerte.
	Quiera el cielo que le acierte
	por la espalda al corazón.
	Yo tiro, bien o mal salga,
(Tírale.)	para salir del castillo.

(Don Lope, un barbero, Dominguillo.)

Lope (Dentro.)   ¡Ay! ¡Santa María me valga!

Dominguillo   Las espaldas le pasé.
(Vase.)   ¿Qué aguardo?

Barbero (Dentro.)   ¿Hay tan gran maldad?
                     Gente, soldados, llegad
                     presto; que el traidor se fue.

(Soldados, que sacan a don Lope, atravesado con un venablo;
doña Costanza, don Nuño.)

Don Nuño   ¿Qué es esto?

Lope   ¡Ay Nuño querido!
                     De un traidor hazaña fea;
                     que no es posible que sea
                     sino de un hombre mal nacido.

Doña Costanza   No creistes mis consejos;
                     fiasteisos de un traidor.

Lope   Señora, túvele amor,
                     que mira el mal desde lejos.
                     Por instantes se me quita
                     la habla... Ya es justa ley,
                     pues muero, entregar al rey
                     el castillo de Zurita.
                     Tomad vos, Nuño, la llave,
                     y en mi nombre la llevad.
                     Lo que hice disculpad,
                     pues mi juramento sabe;

y decid que en tantos daños,
primero mis desvaríos
cumplieron todos los míos,
que él cumpliese los quince años.

Don Nuño   Él murió.

Doña Costanza   Culpado muere
en fiarse de un traidor;
que no en serlo a su señor.

Don Nuño   Llevalde. Y pues no hay qué espere,
con las llaves quiero ir
por las albricias al rey.

(Entran a don Lope y vase don Nuño.)

(Doña Costanza, sola.)

Doña Costanza   ¡Con qué justísima ley
merece un hombre morir,
que cerca del alma pone
hombre de vil nacimiento,
fiado en su entendimiento,
por más que el amor le abone!
Don Lope, amigos leales
grande bien suelen hacer;
pero éstos se han de escoger
de personas principales.
No ha dado el cielo castigo
a un hombre de honra y verdad,
como la falsa amistad;

porque del cierto enemigo
un hombre puede guardarse,
no del amigo fingido.

(El rey, el conde, don Esteban, Dominguillo, soldados, doña Costanza.)

Rey   ¡Oh, cuánto lo habrá sentido!

Don Nuño   No es posible consolarse.

Rey   Costanza, cuando os hablé
                     de esotra parte del muro,
                     no entendí que tan seguro
                     pusiera en el fuerte el pie,
                     ni vos pensastes venir
                     a tan miserable estado.

Doña Costanza   De haber el fuerte cobrado,
                     no tengo yo qué decir.
                     Cosas de la guerra son,
                     que las mujeres no entienden,
                     y que todas se defienden
                     con ser vuestra la razón.
                     Si me pesa de mi esposo,
                     vos propio lo juzgaréis;
                     pero más de que le deis
                     sagrado tan generoso
                     al infame que le ha muerto.
                     Y perdonad si me voy,
                     por no decir donde estoy
                     algún tierno desconcierto.

(Vase.)

(Dichos, menos doña Costanza.)

Conde	No le ha faltado razón; pero vos habéis cobrado el fuerte, y sois obligado a justa satisfación. Dalde, señor, de comer, como lo habéis prometido.
Rey	Pues quede aquí definido lo que éste habrá menester.
Don Esteban	Con dos mil maravedís, rey Alfonso, cada año, tendrá bien, si no me engaño.
Rey	¿Bien, don Esteban, decís? Ésos de renta le den; pero porque con su lengua y manos no ponga en mengua, o dé la muerte también a alguno sobre seguro, sáquenle los ojos luego.
Dominguillo	Señor...
Rey	No hay tratar de ruego.
Dominguillo	¡Qué buenos dos mil de juro!

Don Nuño   Mil maravedís te caben
                  a cada ojo. ¿Qué quieres?

Dominguillo   ¿Tú eres rey? Tirano eres.

Rey   ¿Quieres que tu vida acaben?

Dominguillo   ¿Ésa es condición real?

Rey   Dos premios te doy también
                  La traición te pago bien,
                  ser traidor te pago mal.

Dominguillo   Tu padre y tu abuelo imita.

Rey   Lo mismo hicieran que yo.
                  Al que el golpe recibió
                  hago alcaide de Zurita,
                  y si Costanza quisiere,
                  yo la dotaré con él.

Dominguillo   También yo he sido fiel;
                  mas ya que premio no espere,
                  sino por premio castigo,
                  haz que de aquestos dos ojos
                  saquen el uno.

Rey   ¡Qué enojos!
                  Si tuvieras, enemigo,
                  dos mil, dos mil te sacara,
                  pues tú los sacaste a quien
                  te crió y te hizo bien.

(Vanse el rey, el conde y don Esteban.)

(Dominguillo, soldados.)

Soldado 1   Paciencia, hermano y repara
              en que te dan de comer.
              Come y calla. ¿Qué te altera?

Dominguillo   Ver si está limpio siquiera;
              que no es buen comer sin ver.

Soldado 2   Como no comáis pasteles
              ni compréis cosa guisada,
              no tenéis que temer nada.

Dominguillo   ¡Que con eso me consueles!

Soldado 1   Daos renta el rey, y ¡gemís
              por la vista!

Dominguillo   ¿Es como quiera?
              ¿Hay alguno que lo quiera
              por dos mil maravedís?

Soldado 2   Camina, hermano, y no llores.

Dominguillo   ¿Que en fin me habéis de dejar...

Soldado 1   ¿Cómo se puede excusar?

Dominguillo   ...a buenas noches, señores?

              Fin de la primera jornada

Jornada segunda

(Iglesia, Mayor de Toledo. Don Illán, Garcerán Manrique.)

Don Ilán	Holgárame de saber, Garcerán, todo el suceso.
Garcerán	Después trataremos de eso; que más tiempo es menester.
Don Ilán	Mientras que los reyes llegan, algo me podéis contar, pues da el tardarse lugar, aunque las fiestas me niegan.
Garcerán	Por las que están a mi cargo lo negaba. Estadme atento: sabréis de paso mi intento, y perdonad si me alargo. Luego que tomó a Zurita el rey don Alfonso octavo, muriendo Lope de Arenas de la herida de un venablo, el buen conde don Manrique, mi padre, que fue su amparo, fue con su gente siguiendo a Fernán Rüiz de Castro. Libre en el campo se vio, donde las armas trocando, para no ser conocido, Fernando con un hidalgo,

fue el conde mi padre muerto,
y yo de tierra de Campos,
donde a la sazón vivía,
de poco más de diez años,
traído a servir al rey,
no a criarme en su palacio,
como los meninos suelen,
entre galas y regalos.
Crieme al lado de Alfonso
con las armas en las manos,
cobrando fuerzas y villas
de sus reinos rebelados.
Cuando ya le pareció
a Alfonso que de Fernando,
su tío y rey de León,
estaba libre y vengado;
oyendo decir la Guerra
Santa, a que príncipes tantos
iban a Jerusalén,
pasó la mar con Ricardo,
noble rey de Ingalaterra,
que para cobrar el Santo
Sepulcro de Cristo, dio
por Asia tantos pasos.
A todos le acompañé,
hasta que sobre los campos
de Belén venció el inglés
al Saladino siríaco.
De las hazañas de Alfonso
aficionado Ricardo,
le ofreció a Leonor, su hija,
que Alfonso estimaba tanto.

Volvimos, Illán, a España,
y desde ella dos prelados
y yo partimos a Londres,
de la cual en breve espacio
esta señora trujimos,
y en Burgos se desposaron,
donde ingleses y españoles
las fiestas han celebrado.
De allí, como ves, Alfonso
viene a Toledo gallardo,
en edad que de su nombre
tiembla el bárbaro africano.
Aquí pretede juntar
sus generosos vasallos,
y ir a Córdoba y Sevilla
contra Zulema y Benzaido;
que los caballos que hoy beben
en las corrientes del Tajo,
del Betis han de beber
con sangre mora manchado.

Don Ilán   Los reyes entran, deténte.
        Después tendremos espacio.

Garcerán   Siempre, Illán, para servirte
        me reconozco obligado;
        que a don Esteban, tu padre,
        debo la espada que traigo.
        Él me la ciñó en Galicia,
        junto al altar de Santiago.

(Acompañamiento de caballeros, y detrás, el rey don Alfonso,
hombre ya, y la reina doña Leonor, de las manos, y don Blasco;
dichos.)

Don Blasco   Estas llaves, rey ínclito, te ofrece
         Toledo, y de sus nobles ciudadanos
         las almas, donde siempre el amor crece
         y besa humilde tus reales manos.
         Y a vos, en quien la gloria resplandece
         de los reyes franceses y britanos,
         su frente humilla, reina generosa,
         que el cielo en sucesión haga dichosa:
         que en lo demás, yo pienso que os ha dado
         igual a vuestros méritos, señora,
         en este Sol de rayos coronado,
         que hoy goza el mundo en tan hermosa au-
          rora.

Rey   Agradecido estoy a su cuidado,
         y a Toledo prometo, desde agora,
         mayores privilegios y exenciones.

Don Blasco   Nuevos muros de fe y lealtad le pones.

Rey   ¿Qué os parece, mi Leonor,
         desta famosa ciudad?

Reina   Que no la he visto mejor:
         fortaleza y majestad
         la coronaron de honor.
         Mas de cuanto vi en Castilla
         ni en el límite de España,

cuyo valor maravilla,
ni esta poblada montaña,
digna de ser vuestra silla,
ni cuanto vimos los dos
en las fiestas deste día,
me ha parecido, por Dios,
Alfonso del alma mía,
lo menos que miro en vos.

Rey   Pues si yo viera, Leonor,
a Troya en su libertad,
a Grecia en su gran valor,
a Roma en su majestad,
a España en su antiguo honor:
aunque no hubiera en los dos
este lazo con que Dios
quiso juntarnos aquí,
no me pareciera a mí
lo menos que miro en vos.

Don Ilán   Déme los pies vuestra alteza.

Rey   Conoced a don Illán,
que es Toledo por nobleza,
hijo de tal capitán,
que es laurel de su cabeza.
La santa iglesia ha pintado
en el techo del trascoro
a don Esteban armado,
honor debido al decoro
de tan cristiano soldado.
A caballo le veréis,

cosa digna de sus glorias.

Don Ilán   Aquí, señora, tenéis
                la imagen de sus memorias,
                antes que al coro lleguéis.

Reina   Bien se representa en ver
                su valor, y que los dos
                sois desta ciudad colunas.

Don Ilán   Que mil prósperas fortunas
                os guarde y aumente Dios.

Rey   Garcerán

Garcerán   Señor

Rey   Advierte
                que a orillas del Tajo quiero
                ir esta tarde.

Garcerán   Iré a hacerte
                algún reparo primero
                por ser el calor tan fuerte;
                que los palacios ya son
                más rüinas que palacios.

Rey   Repararlos es razón.

Garcerán   Tajo en todos sus espacios
                ha tomado posesión.
                Desde que salió por ellos,

Galiana, no han tenido
reparo.

Rey   Vamos a vellos.

Garcerán   Aunque el agua no ha querido,
haré, que te sirvas dellos.

Rey   ¿Vamos, amada, Leonor?

Reina   Aquí estoy para serviros.

Rey   ¡Qué bien que pagáis mi amor!
Pero podéis persuadiros
que iguala vuestro valor.
No os ofenda encarecer
mi amor, Leonor, deste modo.

Reina   ¿Cómo me pudo ofender,
si este valor nace todo
de que soy vuestra mujer?

Rey   No te olvides, Garcerán.

Garcerán   No estoy pensando otra cosa.

Don Ilán   Gallardos los reyes van.

Garcerán   Es la reina muy hermosa,
y él por extremo galán.

(Vanse.)

(Huerta del Rey a la orilla del Tajo. Raquel, Sibila.)

Raquel   ¿Pareciote bien Leonor?

Sibila   Para hermosura extranjera,
                no pienso yo que pudiera,
                Raquel, parecer mejor.

Raquel   ¿Es posible que te agrada
                aquella nieve del Norte?
                ¿Qué cosa habrá que reporte,
                con una hermosura helada,
                el gusto de quien la mira?
                ¡Oh talle! ¡Oh brío español!
                No pica al nacer el Sol,
                ni al tiempo que se retira;
                al mediodía parece
                que tiene fuerza mayor.
                En España vive amor;
                su brío y gusto merece
                que reine Venus en ella.
                La Chipre que celebró
                la antigüedad, pienso yo
                que llevó hermosuras della.
                Yo, Sibila, aunque no soy
                cristiana, soy española;
                que basta esta gracia sola.

Sibila   En tu pensamiento estoy,
                aunque sé que no tenemos
                las hebreas de nación

de briosas opinión.

Raquel   Es porque no la queremos.
Como vemos los cristianos
huir de la sangre nuestra,
¿de qué sirve darles muestra
del brío en lengua ni en manos?
Luego que pasar la vi
a su iglesia con su esposo,
aunque era su rostro hermoso,
su condición presumí.
Yo te digo que aunque pruebe
Alfonso a tenerla amor,
que nunca de su Leonor
beba los gustos sin nieve.

Sibila   No se te ha echado de ver,
Raquel, el haberte helado
de haber a Leonor mirado;
mas te debió de encender,
pues desde allí te has venido
a bañar al Tajo luego.

Raquel   ¿No puede haber algún fuego
en esa nieve escondido?

Sibila   ¡Fuego! ¿Cómo?

Raquel   ¿No podía
lo que la reina me heló,
abrasarme Alfonso?

Sibila   No,
               pues daba en nieve tan fría;
               que el Sol, cuando reverbera
               de nieve, no da calor.

Raquel   Alfonso, me debe amor.

Sibila   Es rey.

Raquel   Aunque no lo fuera.
               Considero yo entre mí
               aquel brío de soldado
               junto a un ángel tan helado...

Sibila   ¿Tú quieres bañarte?

Raquel   Sí.

Sibila   Pues dejemos en su casa
               los reyes.

Raquel   Esta arboleda,
               por cuyas plantas tan leda
               el agua del Tajo pasa
               pienso que puede encubrirme.

Sibila   No hay un ave que te vea.

Raquel   Como amor lince no sea,
               nadie podrá descubrirme.

Sibila   El amor dicen que es ciego.

Raquel   No para ver lo que ama.

Sibila   Pues ¿qué?

Raquel   El honor, tiempo y fama
              que pierde. Mira, te ruego,
              no se escondan por ahí
              los amantes de la hebrea
              Susana, y como ella, sea.

Sibila   Fía tu cuidado en mí.

Raquel   ¡Ay Dios!

Sibila   ¿Qué fue el accidente?

Raquel   Pensé que el rey me miró...
              —Y es que, como me agradó,
              le tiene el alma presente.

(Éntranse en una arboleda.)

El rey, Garcerán.

Rey   Huélgome de tratar contigo a solas,
              por esta orilla donde el manso viento
              encrespa al Tajo las corrientes olas,
              mi siempre recogido pensamiento.
              Aunque le traigo, Garcerán, conmigo,
              no siempre le apercibo en lo que siento.
              Su rostro un hombre trae siempre consigo,

y no le puede ver sin un espejo;
y así, llaman espejo a un hombre amigo.
Mi pensamiento miro en tu consejo;
que verle sin tu espejo es imposible,
y por eso contigo me aconsejo.
Yo pasé, conde, mocedad terrible,
perseguido de propios y de extraños,
más que parece a tal edad posible.
Vestí las armas sin tener diez años,
saqué la espada a luz, cobré mi reino,
y el cielo me libró de tantos daños;
caseme, amo a Leonor, contento reino.
Si no ensancho los reinos heredados,
¿qué dejaré a mis hijos?

Garcerán   Aquí cierra
la puerta amor, que abrieron tus pasados;
mas no te excusas de seguir la guerra,
porque la fe, señor, más se dilate
y salga el moro de tu misma tierra.
Las fronteras de Córdoba combate,
pues cuando ve que cuelgas las espuelas,
se calza el africano el acicate.
Él viene, si no vas; pues ¿qué recelas,
si el amor de tu esposa no te abrasa,
y en la defensa de tu amor te hielas?
—¿Qué te diviertes?
                                    Por aquí ven, pasa,
ansí te guarde, Garcerán, el cielo
y aumente las grandezas de tu casa.
¿No ves en los cristales, vuelta en hielo,
una ninfa del Tajo, que porfía

hacer del agua a todo el cuerpo un velo?
¿No ves del dulce Ovidio la poesía,
verdad en las riberas de Toledo,
como él en las de Arcadia la fingía?

Garcerán   Que a los dos sienta y vea tengo miedo.
                No vi, por Dios, señor, tanta hermosura.
                Mirarla sin deseo apenas puedo.

Rey   ¿Cuál escultor jamás hizo figura
                de pario mármol tan perfeta y bella,
                ni la imaginación de nieve pura?
                No sé qué pueda comparar con ella.

Garcerán   Ea, ¡señor, señor!

Rey   ¿Llamas?

Garcerán   Sí llamo.

Rey   Pues bien...

Garcerán   Parece que te vas tras ella.

Rey   Ya se enjuga y se viste. ¡Oh verde ramo!
                Rayo te abrase, que le das la ropa.
                Desde el extremo al tronco te disfamo.

Garcerán   ¡Qué! ¿Quisieras roballa como a Europa,
                o que por esta selva se anduviera,
                como el tiempo de Adán, el viento en popa?
                Nunca tal de tus ojos presumiera.

Así miró David otra hermosura,
que estaba haciendo cristalina esfera
las claras aguas de una fuente pura,
que le costó después fuentes de llanto.

Rey

¡Oh nuevo mal! ¡Oh extraña desventura!

Garcerán

¿Qué tienes?, que me das notable espanto
en l, mudanza que en tu rostro has hecho.

Rey

No pensé que mi daño fuera tanto.

Garcerán

¿Puede ser más, que emponzoñarte el pecho
aqueste basilisco con sus ojos?

Rey

Mayor estrago, mayor mal sospecho.

Garcerán

¿Estrago de tan fáciles antojos?

Rey

¿No ves en los vestidos, que es hebrea,
de que me pueden resultar enojos?

Garcerán

Como solo mirar con ellos sea,
no repares en eso; y si reparas,
guárdate de emprender cosa tan fea.

Rey

Garcerán, el servir tiene dos caras,
verdad, y gusto del señor. Agora
ponte en la de mi gusto.

Garcerán

                        ¡Oh, cuántas raras
virtudes que hay en ti, señor, desdora

tan feo error!

Rey   Aún no me has entendido.

Garcerán   Mira, señor, que tu Leonor te adora.

Rey   Vístete, Garcerán, deste vestido;
ponte la cara de mi gusto, y calla.

Garcerán   No te enojes, señor: perdón te pido.

Rey   Ya está vestida; di que quiero hablalla.

Garcerán   Aquí tengo aquel paje que conoces;
llamarele, y podrá tu amor contalla.

Rey   ¡Qué graciosa locura!

Garcerán   No des voces.
Yo la hablaré, si aquí me esperas.

Rey   Parte.

Garcerán   Y no te enojes más, ansí la goces.

Rey   Al pie deste moral quiero esperarte.

(Vase Garcerán.)

(El rey, solo.)

Rey   No te engrandezcas ya, ¡oh mar de España!

por las riquezas que en tus ondas crías.
Pues más que de tus ondas nos envías,
las tiene el Tajo, que estos olmos baña.
Si en altas naves por la tierra extraña
el oro esparces de tus venas frías,
mejor le hallan aquí las manos mías
entre su verde juncia y espadaña.
    Si por coral te alabas, unos labios
vencen el árbol que en tu seno crece,
con fruta que enloquece a los más sabios.
    Pues si lustroso nácar te enriquece
puede hacer a las tuyas mil agravios
la perla que en sus aguas resplandece.

(Belardo, Fileno, el rey.)

Belardo (A Fileno.) Pardiez, vos tenéis donaire.
                    Si ésta es la huerta del rey,
                    haga premática y ley
                    que no entren el Sol ni el aire.

Fileno   ¿Cómo tengo de guardar
                    en no los dejar llegar?
                    Dénmela de balde a mí.

Belardo   No gruñáis; que os haréis viejo.

Fileno   No estuviera en tu pellejo
                    Para descuidarme ansí!

Belardo   ¿Tan descuidado os parezco?

Fileno   Andá, Belardo, en mal hora.

Belardo   Si los trabajos que agora
             me pudren (al diablo ofrezco
             quien me ha dado la ocasión),
             tuviérades vos, Fileno,
             vos viérades el veneno
             que traigo en el corazón.

Fileno   ¿Qué te han hecho?

Belardo   Ya ¡no nada!
             Con los perros desta huerta
             traigo pendencia encubierta,
             y para mí declarada.

Fileno   ¿Cómo ansí?

Belardo   Yo no lo sé.
             Después de muerto, a la fe,
             dicen que han de conocerme.

Fileno   ¿Después te han de conocer?

Belardo   Mientras vivo lo procuro;
             que, después de muerto, os juro
             de no se lo agradecer.

Fileno   ¿Que hay a quien tu vida pese?

Belardo   Es la envidia mal nacida.

Fileno   Dales buen palo.

Belardo   En mi vida
                          hice mal, aunque pudiese.
                          Todos me muerden en vano;
                          que al fin de tantos destierros,
                          ellos se quedan por perros,
                          y yo me quedo hortelano.

Fileno   Ahora bien, con la paciencia
                          viene el remedio.

Belardo   Ya tarda.

Fileno   Todo este cuadro me escarda,
                          Belardo, con diligencia;
                          que está cubierto de yerba,
                          mientras pongo aquel plantel.

Belardo   Adiós.

(Vase Fileno.)

(El rey, Belardo.)

Rey (Para sí)   Tirano cruel,
                          que a ningún mortal reserva,
                          es el amor: ni perdona
                          la majestad ni el poder,
                          pues agora esta mujer
                          mi pensamiento aficiona.
                          ¿Si sabrán estos villanos

su casa, su estado y nombre?
¡Hola! ¿Qué digo? ¡Ah, buen hombre!
Parad un poco las manos.

Belardo (Canta.)   Hortelano era Belardo
en las huertas de Valencia;
que los trabajos obligan
a lo que el hombre no piensa.

Rey   Hombre de bien, ¿a quién digo
¿Habéis visto en esta huerta
una dama, que a bañarse
vino a esta tabla esta siesta?

Belardo (Canta.)   Pasado el hebrero loco,
flores para mayo siembra;
que quiere que su esperanza
dé fruto a la primavera.

Rey   Oídme, pues, si queréis.

Belardo   ¿Quién es?

Rey   Oíd norabuena
cuando os habla gente honrada,
aunque el trabajo os suspenda.

Belardo (Canta.)   Yo me iba, madre,
a Ciudarreale;
errara el camino
en fuerte lugare.

Rey

Mas ¿que si me enojo os doy
algún golpe, con que sientan
vuestros oídos mis manos,
pues las voces no aprovechan?

Belardo

Está el hombre trabajando;
no es mucho que no os entienda.

Rey

Sí; pero yo sé que nace
de vuestra condición terca.

Belardo

¿Qué es, señor, lo que mandáis?

Rey

¿Habéis visto en la ribera
deste río dos mujeres?

Belardo

Sí vi, y en extremo bellas;
pero tienen una falta,
si no me engaña la muestra:
que pienso que son judías.

Rey

Llamadlas, buen hombre, hebreas.

Belardo

¡Las necedades del mundo,
en qué funda sus quimeras!
Todo es lisonja y engaño,
todo es locura y soberbia.
A Dios le llaman de vos,
al hombre llaman de alteza,
cortesana a la mujer
que está sin honra y vergüenza,
mocedades a los vicios,

a los hurtos diligencias,
a la pobreza deshonra,
y honra al fausto y la riqueza,
valiente al que es temerario,
discreción a la cautela,
moreno al negro atezado,
a la envidia competencia,
al que escribe secretario,
aunque en las cárceles sea,
donde el secreto mayor
los pregoneros le cuentan;
los oficios llaman artes;
todos los nombres se truecan.
Solo a la muerte no mudan,
porque iguala cuanto encuentra.

Rey   Agrádasme, aunque grosero.

Belardo   Debajo desta pelleja
puso Dios alma, también,
como a vos, con tres potencias.
Mas, volviendo a la pregunta:
esas dos, malas o buenas,
se están bañando allí enfrente.

Rey   Sabes su estado y su hacienda?

Belardo   Debajo de ser quien son,
¿qué más queréis saber dellas?
Si alguna os parece bien
y sois persona de prendas,
como se parece en vos,

huid de aquí treinta leguas.

Rey

No me quiero yo casar.

Belardo

¿Para qué puede ser buena
una mujer mal nacida,
si tenéis un hijo en ella?

Rey (Aparte)

Miedo me ha puesto el villano.
Dime, amigo: ¿en esta huerta
entraron con gente, o solas?

Belardo

¿Cuándo vistes gente destas
que fuese pobre jamás?
Un coche y gentil merienda
las trujo adonde las veis.

Rey

¿Que es gente rica?

Belardo

                   ¿Pudiera
ser pobre?

Rey

          Guárdeos el cielo.

Belardo

Y a vos, señor, os defienda
de dar en tan gran error;
porque si cristiana fuera,
ya tuviérades disculpa;
mas, en su ley, es bajeza...
¡Un hidalgo como vos!

(Vase)

Rey   Parece que el cielo enseña
                       hasta los rudos villanos.
                       ¡Oh amor, terrible es tu fuerza!

(Garcerán, el rey.)

Garcerán   Con diligencias que hice,
                       a los palacios llevé
                       aquella mujer sin fe,
                       que así tu fe contradice.
                       Ya está en ella como el dueño,
                       supuesto que Galiana
                       se volvió después cristiana.

Rey   Garcerán, mi fe te empeño,
                       que si me hubieras traído
                       de Granada y de Sevilla
                       las llaves, y hasta la silla
                       de Orán mi pendón subido,
                       no recibiera contento
                       como el que en esto me has dado.
                       ¿En los palacios ha entrado?

Garcerán   Y hasta tu mismo aposento.
                       Ya sabe que eres el rey;
                       que no se pudo excusar.

Rey   ¿Qué haré, Garcerán?

Garcerán   Pensar
                       que es de tan infame ley,

y ganar tan gran vitoria
como el vencerse a sí mismo.

Rey

¿Cómo, si todo el abismo
me atormenta la memoria
de la hermosura que vi,
porque la memoria es fragua,
en los cristales del agua,
del fuego que vive en mí?
Dime su nombre.

Garcerán

Raquel.

Rey

Con su hermosura conviene.
Si tanto costarme tiene,
no quiero ser tan fiel.

Garcerán

El otro sirvió dos veces
a siete años: pero a ti
no ha de sucederte ansí;
que hoy la ves y hoy la mereces.

Rey

¿Qué no puede un rey?

Garcerán

Advierte
que tiene padre y hermano,
uno mozo y otro anciano.

Rey

Ningún temor me divierte,
pues no es el mayor bastante.

Garcerán

¡Gran fuerza de amor!

Rey   Cruel.
                    Espera, hermosa Raquel,
                    a Jacob, tu nuevo amante.

(Vanse.)

(Sala en el alcázar de Toledo. la reina, don Blasco, Clara.)

Reina   ¿No ha vuelto Alfonso a Toledo?

Don Blasco   Irá esos bosques abajo
                    por las riberas que Tajo
                    baña en cristal puro y ledo
                    o habrá por dicha subido
                    a los montes que su extremo
                    miran en él.

Reina   Mucho temo.
                    Nunca, don Blasco, he temido
                    como en aquesta ocasión.

Don Blasco   Parece que tienes celos.

Reina   Tengo, a lo menos, recelos,
                    que deudos cercanos son.

Don Blasco   No te arrojes, por tu vida,
                    a tan mala enfermedad,
                    ni en tu libre voluntad
                    les des, señora, acogida.
                    El rey, mi señor, te adora;

no despiertes a quien duerme.

Reina   ¿Cómo podré defenderme
               de mi pensamiento agora,
               si vive dentro de mí?

Don Blasco   Podrás con entretenerte.

Reina   Tú, si puedes, me divierte:
               veré si me olvido ansí.

Don Blasco   A jugar podrás un rato
               divertir esa pasión.

Reina   Males que de veras son,
               nunca en el juego los trato.
               Dame, Clara, escribanía.
               Llama tú quien cante un poco.

(Vase don Blasco.)

Clara   Muy presto tu amor da en loco.

Reina   ¿Poco es ausencia de un día?
               Aquí escribo. Allí te aparta;
               que tú lo verás después.

(Garcerán, la reina, escribiendo; Clara.)

Garcerán   (Bajo a Clara.)

Clara   ¿Qué hace la reina? ¿No ves

que está escribiendo una carta?

Garcerán   Conmigo ha venido el rey,
                  dejando el río famoso;
                  que corre tan presuroso
                  para exceder de la ley
                  de un justo y rendido amor.

Clara   ¿Dónde queda?

Garcerán   Cerca está.

Clara   ¿Muy cerca?

Garcerán   Y que ha entrado ya

(El rey; la reina, escribiendo; Garcerán, Clara.)

Rey (Bajo.)   Quedito, no hagáis rumor.
                  ¿Qué hace mi Leonor?

Clara   Escribe
                  para divertir tu ausencia.

Rey   ¿Sintiola?

Clara   Tan sin paciencia,
                  que es un milagro que vive.

Rey   Salíos allá afuera un poco.

Garcerán (A Clara.) Yo tengo que hablarte

Clara   Vamos.

(Vanse Garcerán y Clara.)

(El rey; la reina, escribiendo.)

Rey (Para sí.)   Di amor, ¿qué fin esperamos
                      con un principio tan loco?
                      Decid, alma: «Loca estoy».

Reina (Escribiendo.) Loca estoy...

Rey (Para sí.)   Con mis acentos
                      responde a sus pensamientos
                      Leonor, a fe de quien soy.
                      Basta, que yo quiero bien.

Reina (Escribiendo.) Quiero bien...

Rey (Aparte.)   ¡Otra razón!
                      ¡Vive Dios, que es confusión
                      y mal agüero también!
                      Más vale oírla acabar
                      el ringlón y responder.

Reina (Escribiendo.) No te he visto desde ayer.

Rey (Aparte.)   Conmigo debe de hablar.
                      Sin duda que son consuelos
                      de mi ausencia.

Reina (Escribiendo.)   Estoy mortal...

Rey   ¡Oh, si declarase el mal
                           que tiene!

Reina (Escribiendo.)   Mi mal es celos.

Rey (Aparte.)   ¡Ay de mí! Si ha puesto espías
                           y sabe lo que ha pasado,
                           ¿qué hará?

Reina (Escribiendo.)   Morir de cuidado
                           conviene a las penas mías.

Rey (Aparte.)   No la engaña el pensamiento;
                           que el basilisco que vi
                           me tiene fuera de mí
                           desde hoy. ¡Qué extraño tormento!

Reina   Y ¡cómo si lo es extraño!

Rey (Aparte.)   Aquí acertó a responder;
                           que pienso que esta mujer
                           ha de ser...

Reina (Escribiendo.)   Para mi daño

Rey (Aparte.)   No la quiero aguardar más.
                           Leonor, ¿qué es esto?

Reina   Señor...

Rey

¿A quién escribes, Leonor?

Reina

A ti, pues ausente estás.

Rey

¡Yo ausente!

Reina

       Pues desde ayer,
¿no es ausencia?

Rey

        No, señora;
que aunque lejos, como agora
presente me habéis de ver;
porque donde estoy sin vos,
os veo mejor que aquí.
¿Qué habéis escrito?

Reina

        Escribí
mil disparates, por Dios.
No es justo que los veáis.

Rey

Dejad el papel.

Reina

       Leed;
pero hareisme gran merced,
si cerrado le rasgáis.

Rey (Lee.)

«Loca estoy de vuestra ausencia,
sin paciencia estoy también;
pero, como os quiero bien,
no es mucho estar sin paciencia.»

Reina

¿Para qué queréis, señor,

mis disparates leer?

Rey (Lee.)   «No te he visto desde ayer.
                 ¡Qué mucho morir de amor!
                 Aflígenme mil recelos,
                 estoy mortal; pero en suma...»

Reina   Probaba, señor, la pluma.
                 No leas más.

Rey (Lee.)   «Mi mal es celos.
                 Tardas: morir del cuidado
                 conviene a las ansias mías;
                 tal día en todos los días
                 desta, tu vida he pasado.
                 ¡Qué extraño tormento y pena
                 es celos! Y el desengaño
                 pienso que para mi daño
                 mi propio cuidado ordena.»

Reina   Ahí llegaba, pensando,
                 Alfonso querido, en ti.
                 ¿Qué has hecho, mi bien, sin mí?

Rey   Sin ti, no; que, imaginando
                 en tu valor, tan presente
                 te tengo como aquí estás.
                 Después, mi bien lo sabrás,
                 más clara y más tiernamente.
                 Retírate, por mi vida;
                 que siento gente y rumor.

Reina   Pienso que os cansa mi amor.

Rey   Cuanto os digo se os olvida.
                         Vos no me podéis cansar;
                         que sois este mismo aliento
                         con que respiro.

Reina (Aparte.)   ¿A qué intento
                         me ha mandado retirar?
                         No voy contenta, ni es justo
                         cuando tiene estado nuevo
                         con dama, a decir me atrevo,
                         que tan bien le viene al gusto.

(Vase.)

(Don Illán, el rey.)

(Tocan dentro un atambor.)

Don Ilán (Aparte.) Ya, gran señor, el conde Nuño Pérez
                         ha hecho de la gente que ha llegado,
                         que son más de cuarenta compañías,
                         un lucido escuadrón, y acompañándole
                         lo noble de tu corte, las ofrece
                         a tus balcones en vistoso alarde.
                         Suplicate, señor, que a verlas salgas,
                         en premio del deseo de servirte,
                         porque ha sabido que llegaste agora.

Rey (Aparte.)   ¡A lindo tiempo guerra,
                         cuando con mis sentidos,

ya reinos divididos,
sobre ganar la guerra,
la traigo yo en el alma,
donde siempre el amor lleva la palma!
Illán, di que me deje.

Don Ilán   ¿Cómo ansí me respondes?
¿Por qué tu rostro escondes?
¿Pretendes que se queje
aquel noble soldado,
que ansí te ha defendido y te ha criado?
¿Aquel de los mejores
que de Ávila salieron?
Mira que te le dieron
Por padre tus mayores;
que está, puedo decirte,
rojo de sangre y blanco de servirte.

Rey   Que venga blanco o rojo,
¿qué importa, si esta tarde
no quiero ver su alarde?

Don Ilán   No recibas enojo.
Yo dirá que se vuelva
para cuando tu gusto se resuelva.

Rey   Illán, di que despida
Nuño toda la gente;
que de un nuevo acidente
tengo el alma ofendida.
Di que cuelgue la espada.

Don Ilán   Basta; que ha sido la jornada nada.

(Vase.)

(Garcerán, el rey.)

Garcerán   ¡Aún no supiste, con mostrarte alegre,
                  fingir siquiera una palabra sola,
                  disimular del nuevo amor la pena!
                  Clara me ha dicho que hay adentro lá-
                      grimas.

Rey   Para cuando la noche, que ya llega,
                  tienda de todo punto el negro manto,
                  Garcerán, dos caballos apercibe;
                  que me aguarda Raquel, y fue concierto
                  que se quede en la huerta.

Garcerán   ¿No me entiendes
                  lo que te digo destos nuevos celos?

Rey   Allí quiero que viva; que en efecto,
                  mis visitas serán menos notadas.

Garcerán   Mejor fuera, señor, que fueran menos.
                  Entra, por Dios, y con disculpa alguna
                  alegremos la reina, mi señora.

Rey   Pienso que ya de que me parta es hora.

Garcerán (Aparte.) ¿Qué le habrá dado esta mujer? Mas creo
                  que seguirá cansancio, como suele,

a tales accidentes amorosos.
No quiero replicarle, aunque era justo,
porque la privación no aumente el gusto.
Si te quieres partir, todo está a punto.

Rey
Partirme quiero luego; que no puedo,
Garcerán, dilatar las esperanzas
de aqueste bien.

Garcerán
Pues ven, señor, conmigo.

Rey
Haz cuenta que soy ciego y que te sigo.

(Vanse.)

(Huerta del Rey, con entrada a los palacios de Galiana. David, Leví.)

David
Esto me envía a decir,
y que el rey en este fuerte
la ha encerrado de tal suerte,
que es imposible salir.

Leví
¿Fuerte llamas lo que todos
palacios de Galiana,
puerta para todos llana
desde en tiempo de los godos?

David
Hijo, donde quiere un rey
hacer fuerza, eso la tiene,
y sobre todo, conviene
solo obedecer su ley.

Yo pienso que la vería
acaso; y como mancebo
(cosa que en un rey no apruebo,
y más siendo sangre mía),
mandaría a sus criados
que la trajesen aquí.

Leví   Padre, cuando eso sea así,
¿en qué somos desdichados?
Alfonso ¿no es rey?

David   Sí es.

Leví   Pues ¿qué honor guardáis en vano
donde no hay tan vil cristiano
que no nos traiga a sus pies?
¿No es mejor tener favor,
y ser nosotros temidos,
donde somos abatidos
por ley que no tiene honor?
¿No puede ser que Raquel
mezcle esa sangre a la tuya?

David   Como es poca la edad tuya,
juzgas de amor como en él.
Si tuvieras estas canas,
vieras cómo ya son leyes
que nadie como los reyes
hacen esperanzas vanas.
Leonor sabrá dél, primero
que al rey prometa callar,
este amor, este lugar

con estilo lisonjero;
y mientras trate de amor
el rey a Raquel fiel,
para matar a Raquel
buscará espada Leonor;
y en teniéndola buscada,
saldrá el rey por una puerta,
y por otra, al daño abierta,
entrará a Raquel la espada.

Leví   Siempre los viejos soñáis
tragedias: melancolía
propia de la sangre fría
que a los espíritus dais.
Alégrate, por mi vida;
que en aquel balcón está.

David   Este labrador dirá
si hay alguien que nos lo impida.

(Belardo, con un azadón; dichos.)

Belardo   ¿Quién va allá?

Leví   Gente segura.

Belardo   La fruta vendrán a hurtar.

Leví   No venimos sino a hablar...

David   Hablarle, bajo procura.

Leví   Una dama que está aquí,
               que a aquesta huerta ha venido.

Belardo   ¿Es una que no ha comido
               tocino en su vida?

Leví   Sí.

Belardo   Pues ¿para qué la queréis?
               Que, a ser olla, era la cosa
               más mala y menos sabrosa
               que hallar ni comer podéis.

Leví   ¿Qué importa hablarla?

Belardo   No creo
               que os han de dejar entrar...
               Pero bien podéis llegar;
               y aunque de noche, la veo
               con la poca claridad
               que de las estrellas sale.
               Entrad.

David   No hay Sol que la iguale.

Leví   Padre, buen ánimo; entrad.

(Vanse padre e hijo.)

(Belardo, solo.)

Belardo   El demonio me hizo a mí

andar guardando esta huerta,
que no tiene cerca ni puerta.
Todos se entran por aquí:
por aquí son las meriendas,
aquí todos los amores,
aquí los competidores,
los celos y las contiendas;
aquí el venir a nadar,
hasta espulgarse es aquí.
El cielo se aniebla allí
y se comienza a enojar.
¡Relámpagos! Buenas noches.
¡Truenos!... ¡y en la era, el pan!
Otro. Soltado se han
los caballos a los coches.
Santiago, decía mi abuela,
cuando los truenos oía,
que por el cielo corría
con su espada, y su rodela.
¡Oh, qué terrible aguacero!
Si dura... Ireme a la choza.

(Vase.)

(El rey, solo.)

Rey   El que tanta gloria goza,
           como en tus brazos espero,
           ¿qué puede, Raquel, temer?
           Perdióseme Garcerán
           por volver por un gabán,
           viendo empezar a llover.

Es tan grande mi deseo,
que aguardarle no pudiera
un punto, si me trujera
más riquezas que poseo.
¡Qué terrible escuridad!
¡Qué relámpagos y truenos!
Y están los cielos serenos
sobre la misma ciudad.
Solo en la huerta parece
que el cielo muestra su furia;
debe de ser que mi injuria
siente, riñe y aborrece.
Hablan las nubes tronando,
y rasgándose los cielos:
deste mi amor tienen celos,
y lloviendo, están llorando.
Los relámpagos con fuego
muestran el que ya me espanta,
el viento el polvo levanta
para decir que soy ciego.
Brama el Tajo por salir
a templar aqueste ardor;
pero no es fuego el amor
con quien puede competir.
Tiemblan los árboles juntos,
sus hojas llaman a Alfonso,
como el último responso
que se dice a los difuntos.
¡Válgame el cielo! Otra nube
tan negra deciende allí.
Mas ya se aparta de mí,
y por donde baja sube.

(Una voz, dentro; el rey.)

Una voz (Cantando, triste, dentro.)
                Rey Alfonso, rey Alfonso
                no digas que no te aviso:
                mira que pierdes la gracia
                de aquel Rey que rey te hizo.

Rey
                Dentro de la misma nube
                parece que la voz dijo
                que de aqueste atrevimiento
                estaba el cielo ofendido.

Voz (Dentro.)
                Mira, Alfonso, lo que intentas,
                pues desde que fuiste niño,
                te ha sacado libre el cielo
                entre tantos enemigos.
                No des lugar desta suerte,
                cuando hombre, a tus apetitos.
                Advierte que por la Cava
                a España perdió Rodrigo.

Rey
                ¡Vive el cielo que lo entiendo,
                y que todos son hechizos
                de Leonor, para quitarme
                el gusto que emprendo y sigo!
                Los palacios son aquéstos;
                yo entro.

(Cuando el rey va a entrar, aparece una sombra con rostro negro,
túnica negra, espada y daga ceñida.)

Rey
                    ¡Cielo divino!
            ¿Qué es esto que ven mis ojos?
            ¿Eres hombre? ¡Hola! ¿A quién digo?
            ¿No hablas?

(Desaparece la sombra.)

                        Desapareciose.
            Mas ¿de qué me maravillo?
            ¡Viven los cielos, que fue
            sombra de mi miedo mismo!
            Entraré por la otra parte,
            saltando el arroyo limpio
            desta acequia. ¡Ay cielo santo!

(Vuelve a aparecer la sombra.)

                        Otra vez la sombra he visto.
            Qué quieres? ¿Qué me persigues?
            ¿Quién eres?

(Garcerán, el rey, la sombra.)

Garcerán   Tarde he venido.

Rey   ¿Eres sombra o eres hombre?
            Habla y dime: «Yo te sigo»;
            que hombre soy para escucharte,
            ya seas muerto, ya seas vivo.

Garcerán   Allí he sentido una voz.

(Desaparece la sombra)

Rey   También agora se ha ido.

Garcerán   ¿Quién va?

Rey   ¡Otra sombra tenemos!
Pero ésta en efeto ha dicho
con voz humana: «¿Quién va?».

Garcerán   ¿Quién va? ¿No responde?

Rey   Amigos.

Garcerán   ¿Es el rey, mi señor?

Rey   Sí.
¿Eres Garcerán?

Garcerán   El mismo.
¿Qué tienes, que estás temblando?

Rey   Notables cosas he visto.

Garcerán   ¿Cómo, señor?

Rey   Nubes, sombras,
truenos, tempestad, granizo,
música en los mismos aires.

Garcerán   ¡Qué temerarios prodigios!

Mas ¿qué haces a la puerta?

Rey   No puedo entrar; que porfío,
               y veo una sombra delante.

Garcerán   A Dios tienes ofendido.
               Volvamos a la ciudad.

Rey   Calla; que todo es hechizo.

Garcerán   ¿Hechizo?

Rey   Yo sé de quién.

Garcerán   Mira que sin duda, ha sido,
               para apartarte de aquí,
               del mismo cielo artificio.

Rey   Cobardías, Garcerán.

Garcerán   ¿Eso dices?

Rey   Esto digo.

Garcerán   Pues meto mano a la espada,
               y entro adelante, atrevido.

Rey   Yo te sigo, Garcerán;
               que amor me quita el jüicio;
               y perdida la razón,
               conozco el daño, y le sigo,
               porque, donde está sujeto,

¿de qué sirven los sentidos?

(Echa Garcerán mano a la espada, y entra el rey tras él.)

Fin de la segunda jornada

Jornada tercera

(Sala del alcázar.)

(Don Illán, don Blasco.)

Don Ilán	Este papel me dieron de la reina, señor don Blasco, por el cual me avisa que a las horas que veis venga al alcázar.
Don Blasco	Illán, yo imaginaba que era solo, porque me manda a mí también lo mismo. ¿Qué nos podrá querer?
Don Ilán	Alguna cosa del remedio de Alfonso, por ventura.

(Beltrán de Rojas, dichos.)

Beltrán	Guárdeos el cielo, caballeros.
Don Ilán	¡Bueno! ¿También Beltrán de Rojas?
Beltrán (Lee.)	Yo pensaba que a nadie hallara aquí, porque la reina me mandó que viniese con secreto, por aqueste papel, a aqueste sitio.
Don Blasco	A lo mismo los dos venido habemos. ¿Sabéis lo que nos quiere?

Don Ilán   Imaginamos
            que se quiere quejar de sus desdichas.

(Garcerán, dichos.)

Garcerán   Yo pienso que he tardado. ¡Oh caballeros!

Don Blasco
(Aparte.)   (Guárdeos el cielo, Garcerán Manrique.)

Beltrán   Pues éste viene, no será de Alfonso
                   lo que trata la reina, pues ha sido
                   quien sabe los secretos de su pecho,
                   y en este desatino le acompaña.

Garcerán   Espántome de hallaros desta suerte,
                   si no venimos todos a una cosa
                   pues por este papel, con gran secreto,
                   la reina me mandó que venga solo.

Don Ilán   A todos nos advierte de lo mismo.

Garcerán   Luego ¿todos venimos a una cosa?

Beltrán   Quedo; que sale la reina hermosa.

(La reina y el príncipe Enrique, niño, de luto los dos; dichos.)

Don Blasco   ¡Luto! ¿Por quién, señora?

Reina   Bien pudiera

imaginar don Blasco mi desdicha.
Cerrad las puertas de esa cuadra luego.

Beltrán   Ya están cerradas. Siéntese su alteza,
                   y diga para qué nos ha llamado.

Don Ilán (Aparte.) (¡Qué triste viene!)

Garcerán (Aparte.) (Lástima me ha dado.)

Reina   Noble Blasco de Guzmán,
                   gallardo Beltrán de Rojas,
                   Illán de Toledo, ilustre
                   por hazañas tan heroicas;
                   fuerte Garcerán Manrique,
                   que con tan altas victorias
                   de Jerusalén volvistes
                   a vuestra patria famosa;
                   por ser, como sois, en quien
                   estriba este reino agora,
                   colunas de quien se afirma,
                   nobleza con quien se adorna,
                   con secreto os he juntado,
                   en desdicha tan notoria,
                   para que el remedio della
                   entre todos se proponga.
                   Alfonso, cuyas virtudes
                   el Bueno, cual veis, le nombran,
                   ya pierde el nombre que tuvo,
                   con una hazaña tan loca.
                   Siete años ha que encerrado
                   con aquella hebrea hermosa,

segunda Cava de España,
vive retirado a solas.
No se acuerda de sí mismo,
ni atiende ni acude a casa
de su reino, de su vida,
de su fama y de su honra.
Raquel reina, Raquel tiene
de Castilla la corona;
da banderas a las armas,
y a las letras nobles ropas.
Ella castiga, ella prende,
y ha sido tan rigurosa,
que a vuestro rey tiene preso,
sin darle tan sola un hora
de libertad en siete años.
¡Qué prisión tan vergonzosa!
¿Pensaréis que hablo en la parte
que como a mujer me toca?
Bien pudiera, pues es justo;
mas en esto se reporta
mi sentimiento de suerte,
que una palabra tan sola,
para decirle mi pena,
no ha salido por mi boca.
Mis lágrimas le han hablado,
aunque su curso interrompa;
mas ¿qué podrán voces de agua
en peñas de orejas sordas?
Lo que me mueve es mirar
que Dios se ofende y se enoja
de suerte deste pecado,
que ya la venganza toma.

Bajan de la Andalucía,
de Granada y de Archidona,
los moros, y al rey se atreven
de quien temblaron la sombra.
La Sierra, Morena pasan,
y destruyendo a Almodóvar,
pasan los campos de Utiel,
y en Ciudad Real se alojan.
A este paso, castellanos,
presto del Tajo en las ondas,
por dicha con sangre vuestra,
beberán sus yeguas moras;
presto de estos altos muros,
en vez de banderas rojas,
verán pendones azules,
que ya tan cerca tremolan;
presto en esta santa iglesia,
donde la Reina y Señora
del cielo puso los pies,
pondrá los huesos Mahoma.
Pues; ¿cómo no os afrentáis
de que una mujer os ponga
en tanto mal? ¿Qué es aquesto?
¿Vosotros sois sangre goda?
¿Vosotros sois descendientes
de la sangre generosa
que ganó aquesta ciudad,
espejo de toda Europa?
¿Tú eres Blasco de Guzmán?
¿Tú eres Illán, tú, que borras
de tu padre don Esteban
la irnagen de sus memorias?

Él metió a Alfonso en Toledo;
tú de Toledo le arrojas,
pues que consientes que viva
en tanta infamia y deshonra.
Y ¿tú eres Rojás Beltrán?
Pues ¿cómo no tienes rojas
las mejillas de vergüenza
del daño que te provoca?
Y tú, Garcerán Manrique,
que del Asia honrado tornas,
¿cómo no ves que te llaman
autor de tan torpe historia?
Tú ayudas a tu señor
a que como bestia corra
sin freno por tantos vicios.
Dime: ¿con qué te soborna?
¿Has mezclado allá tu sangre?
Pues, fiera gente española,
éste es Enrique, mi hijo:
o matadme esa traidora,
o él y yo, pues no tenéis
manos, fuerzas, sangre ni honra,
a Ingalaterra nos vamos,
donde la casa piadosa
de Ricardo nos sustente.

(Vase.)

(El príncipe Enrique, don Illán, don Blasco, don Beltrán, Garcerán.)

Beltrán   ¡Señora!...

Don Blasco   ¡Reina!...

Garcerán   ¡Señora!...

Don Ilán   Deténte, por Dios.

Enrique   Villanos,
                ¿cómo se ha de detener,
                si para tan vil mujer
                no tenéis honra ni manos?

Don Ilán   Advierte, príncipe, advierte
                que no hay villanos aquí.

Enrique   Todos lo sois para mí,
                pues me tratáis desta suerte;
                que de aquesta esclava Agar
                saldrá algún niño Ismael,
                tan bastardo como él,
                que me pretenda matar.

Garcerán   Señor, ¿qué habemos de hacer,
                siendo Alfonso, vuestro padre,
                nuestro rey? Ved que madre
                es dese Alfonso mujer.
                ¡Pese a tal con los villanos
                que esta bajeza consienten!
                ¿Posible es que no se afrenten
                esas armas y esas manos?

Don Blasco   Señor, tratadnos mejor.

Enrique   ¡Muy buenas canas, por cierto!
                 ¡Qué bien la nieve ha cubierto
                 el monte de vuestro honor!
                 ¡Por Dios, Blasco de Guzmán,
                 que acudís muy bien al nombre!

Garcerán   ¿Qué hará, si llega a ser hombre?

Don Ilán   Tiene razón, Garcerán.

Enrique   ¡Qué hidalgos!

Don Ilán   Señor, advierte...

Enrique   ¿Qué quieres, Illán, que advierta,
                 si veo a mi madre muerta,
                 y a mi padre desta suerte?
                 ¿Tenéis vos por qué volváis
                 por esa hebrea?

Don Ilán   ¡Yo!

Enrique   Vos.

Don Ilán   Limpio soy, señor, por Dios;
                 que puesto que rey seáis,
                 de emperadores deciendo
                 de Constantinopla yo:
                 Paleólogo me dio
                 esta sangre que defiendo.
                 Del primero que a Toledo

vino, el Toledo tomé.

Beltrán   Mirad, señor, que no fue
sufrir esto culpa o miedo.
Todo en que es nuestro rey para.
Templad, templad las congojas.

Enrique   ¿Qué queréis, Beltrán de Rojas?

Beltrán   Señor, que volváis la cara.

Enrique   ¡La cara! ¡A lindos trofeos!
¿Para qué, si el rey aquí
sirve de espejo, y en mí
os habéis de ver tan feos?
Mas, por vida de mi madre,
que otra vez no la veáis,
si primero no matáis
la hechicera de mi padre.

(Vase.)

(Don Illán, don Blasco, don Beltrán, Garcerán.)

Beltrán   ¡Extraña confusión! Qué decís desto?

Garcerán   ¿Qué me miráis a mí? Yo no sé nada;
pero para el remedio estoy dispuesto.
Diréis que ¿cómo sacaré la espada
contra mujer que el rey me ha confiado,
y de quien es por tanto amada?
Diréis que ¿cómo, habiendo acompañado

tantos años en este desatino
al rey, en este error precipitado,
para ayudaros hallaré camino?
Y habrá alguno que diga que a su hermana,
cómplice deste mal, también me inclino.
Pues ¡plegue a aquella sangre soberana
que se vertió por mí, que, si ha tenido
culpa, ni ha sido en este error liviana,
yo sea el primero que, cayendo herido
de vuestras manos, pague al justo cielo
lo que en diversas cosas le he ofendido!

Beltrán   Garcerán, yo conozco tu buen celo;
yo sé que te has muy bien aconsejado;
nadie de tu virtud tendrá recelo;
mas, como desde niño te has criado
con Alfonso, no es mucho que, celosa
la reina, te haya alguna vez culpado.
Al principio no fue tan enojosa
la perdición del rey; mas ya en Castilla
y en toda España es insufrible cosa.
Ingalaterra, ya con maravilla
de ver nuestro descuido, armarse intenta.
No hay en el reino ya ciudad ni villa
que no murmure y sienta aquesta afrenta.
Cobremos nuestro rey, que está cautivo.

Garcerán   Justísima es la hazaña, que se intenta.
Digo que por mi parte me apercibo.

Don Blasco   Pues yo seré el primero.

Don Ilán   Y yo el segundo.

Garcerán   La razón es mi rey, con ella privo.

Beltrán   Daréis ejemplo de lealtad al mundo.

(Vanse.)

(Huerta del Rey a orillas del río. el rey, Raquel, Sibila.)

Rey   ¿No traen las cañas?

Sibila   Ya viene
                         con ellas el hortelano.

Rey   ¡Fresca entrada de verano!
                         Mas tal primavera tiene.

Raquel   Tras tantos años de amor,
                         ¿decís lisonjas agora?

Rey   Amor es niño, señora,
                         y es con los años mayor.
                         Pues si es amor ya crecido,
                         ¿por qué no será verdad?

Raquel   Porque el no haber novedad
                         causa desprecio y olvido.

Rey   ¿Olvido en mí? ¡Plega a Dios...

Raquel   No juréis; que ya lo creo.

Rey

Más nuevo es hoy mi deseo
que cuando le puse en vos.
Sois mi señora y mi reina,
sois mi diosa, sois por quien
vivo, sois todo mi bien;
sois quien en mi alma reina.
Mayor, señora, sois vos;
que si yo reino en Castilla,
vos en mí.

(Vanse.)

(Fileno y Belardo, con unas cañas de pescar.)

Belardo

Por esta orilla
se van hablando los dos.

Fileno

¿Por dónde o cómo llegaste
a ser del rey conocido?
Siendo tú tan encogido,
¿cuándo o por dónde le hablaste?

Belardo

Puesto que soy labrador,
ya, sabéis que sé leer,
y un libro me dio a entender
(que era de un discreto autor)
que eran los reyes deidades
hasta llegarlos a hablar;
que después suele humillar
el trato las majestades.
Con esto, como le vía

pasar por aquí mil veces,
flores, frutas, aves, peces
de rodillas le ofrecía.
Agradole el buen humor,
y en la huerta que ha labrado,
jardinero me ha criado,
y barquero y pescador.

Fileno   ¿Qué harán agora?

Belardo   Han pedido
estas cañas: pescarán;
luego en el barco entrarán,
de oro y seda guarnecido,
con un tendal de damasco
y flores que les he puesto.

Fileno   ¿Dónde irán?

Belardo   A cierto puesto
que asombra un alto peñasco,
donde se suelen lavar.

Fileno   ¿Su merienda habrá también?

Belardo   Si ello pareciera bien.

Fileno   Pues, ¿tú sabes murmurar?

Belardo   Pues ¿quién son más murmurados,
Fileno, de sus errores,
que aquestos grandes señores,

y de sus mismos criados?
Lástima tengo de ver
a Alfonso fuera de sí.

(Sibila, el rey, Raquel, dichos.)

Sibila   Ya están las cañas aquí.

Rey (A Raquel.)   ¿Qué cañas son menester
                        donde tus ojos están?
                        Mas no son almas los peces,
                        ni hubiera para dos veces
                        en cuantos nadando van.

Raquel   Con una me contentara.

Rey   Pon el cebo en el anzuelo
                        que dio a tus ojos el cielo,
                        y en lo que puedes repara.

Raquel   Dejándote por galán
                        que cumples tu obligación,
                        y de cuya estimación
                        tal vez sospechas me dan,
                        echo en tu nombre la caña.

Rey   Y yo en el tuvo también.

(El rey y Raquel echan los anzuelos al río.)

Raquel   Haz una cosa, mi bien,
                        ansí te dé Dios a España.

Rey   ¿Cómo?

Raquel   Que lo que sacares
sea, Alfonso, para mí,
y lo que yo, para ti.

Rey   Me espanto que en eso pares.
Si el mundo, como se pinta
en una pequeña esfera,
sacar del agua pudiera
colgado de aquesta cinta,
hoy le ofreciera a tus pies.

Raquel   Bésoos las manos, señor.

Sibila   ¿Pican?

Raquel   No

Sibila   ¡Bravo rigor!

Raquel   Es muy presto.

Rey   ¿Presto es?
Muy simples los peces son,
que no pican en tu anzuelo.

Sibila   Picó.

Raquel   Tira.

(Saca el rey, enganchada en el anzuelo, una calavera.)

Rey   ¡Ay santo cielo!
             ¡Qué notable confusión!

Raquel   ¿Qué es esto?

Rey   A mi parecer,
             es una muerte.

Raquel   ¡Y qué fiera!

Belardo   Señora, la calavera
             de algún niño puede ser,
             que habrán echado en el río.

Rey   No te alborotes.

Raquel   No puedo
             dejar de cobrarla miedo;
             que bien sabes, señor mío,
             que fue concierto que fuese
             para mí lo que sacases.

Rey   De que en eso imaginases,
             me pesa.

Raquel   Pues no te pese;
             que ya veo que esto ha sido
             una cosa acidental.

Belardo   Trabose en ella el sedal,

y a fe, que está bien asido.

Raquel   Sacar quiero para ti;
                que han picado.

Rey   Tira, arriba.

(Saca Raquel, con su anzuelo, un ramo verde.)

                ¿Qué es eso?

Raquel   Un ramo de oliva.

Rey   ¿Un ramo de oliva?

Raquel   Sí.

Rey   También es que se trabó
                a las ramas el anzuelo.
                No pesques más.

Raquel   Dejarelo.

Rey   Entra en el barco.

Raquel   Eso no,
                porque con tantos azares.
                no quiero entrar en el río.

Rey   Por esos ojos, bien mío,
                que en aqueso no repares.

(Un criado, dichos.)

Criado   Aquí está Fernán Rüiz.

Rey   ¿El de Castro?

Criado   Sí, señor.

Rey   A este viejo tengo amor.
                Es de aquel tiempo infeliz
                en que, niño, me seguía
                mi tío el rey de León...
                Y pienso en esta ocasión
                que le busca y desafía
                Garcerán, porque mató
                al conde su padre; y quiero
                guardar este caballero,
                que en mi niñez me guardó;
                que si le ve Garcerán,
                a los dos he de perder.

Raquel   Las paces podéis hacer;
                que con eso la tendrán.

Rey   Yo voy con él, mi Raquel,
                a la ciudad.

Raquel   Id con Dios.

(Vanse el rey y el criado.)

Sibila   ¿Qué haremos aquí las dos?

Raquel   Ninguna cosa sin él.
                           Y pues ya se fue, te ruego
                           que nos vamos al palacio
                           que he menester grande espacio
                           para templar este fuego.
                           Por Alfonso no he llorado;
                           ya que se fue, llorar quiero,
                           no porque creo el agüero,
                           mas porque temo el pecado.

(Vanse las dos.)

(Belardo, Fileno.)

Fileno   Triste está.

Belardo   Tiene razón;
                           que aunque soy rudo y grosero,
                           desta pesca darte quiero,
                           Fileno, declaración.
                           La muerte que el rey sacó
                           para Raquel, claro está
                           que muestra su muerte ya.
                           La oliva que ella pescó
                           para el rey, muestra que, muerta
                           esta afición pertinaz,
                           quedará este reino en paz.

Fileno   ¿La oliva?

Belardo   Es cosa muy cierta,

porque siempre oí decir
que la oliva significa
paz, y que a la paz se aplica;
y si ésta viene a morir,
¿qué más paz? La paz es cierta
entre el rey y su Leonor,
porque se tendrán amor.

Fileno

Gran gente ha entrado en la huerta.

Belardo

Muchos caballeros son.

Fileno

Mudados de color vienen.

Belardo

Algún desafío tienen.

Fileno

Todos vienen de cuestión.

(Garcerán, don Blasco, don Illán, Beltrán, otros caballeros y el
criado; dichos.)

Don Ilán

Tú lo has hecho bien, Mendoza,
como de ti se esperaba.

Beltrán

Hoy ha de morir la Cava,
que de nuestro mal se goza.

Garcerán

Fue gran milagro que el rey
con Fernán Rüiz saliese.

Criado

Que yo el recado le diese
fue mayor.

Don Blasco   ¿Qué humana ley
sufre que esta infame viva?

Beltrán   ¿Va el rey lejos?

Criado   Lejos va.
Ya de la huerta saldrá.

Don Ilán   Hoy la mano vengativa
del cielo nos ha tomado,
señores, por instrumento
de castigo y de escarmiento.

Beltrán
(Aparte a Fileno.)   Por detrás deste encañado
quiero escaparme, Fileno,
y contar esto a Raquel;
que estas armas y tropel
¿para qué pueden ser bueno?

Fileno   Bien harás. Vele a decir
que anda esta gente en la huerta.

(Vase Belardo.)

Don Ilán   Hoy será su muerte cierta,
porque no es posible huir.

Garcerán   Los pasos están tomados,
puesto que aviso tuviera.

Don Blasco	Recorramos por defuera todos aquestos cercados.
Beltrán	Vamos; yo seré el primero que la ofenda.
Don Ilán	¿Tú no más?
Garcerán	El que se quedare atrás, o es villano o lisonjero.

(Vanse.)

(Sala en el palacio de Galiana. Raquel, Sibila; después Belardo.)

Sibila	Deja ya, Raquel, el llanto.
Raquel	¡Ay Sibila! ¿Cómo puedo? Volverme quiero a Toledo; que de estar sola me espanto.
Sibila	¿Sola estás? ¿No hay mil criados Y tu padre ¿no está aquí con nuestro hermano?
Raquel	¡Ay de mí! Todos crecen mis cuidados. Cuando el rayo de Leonor decienda de su poder, en más vidas ha de hacer, Sibila, estrago mayor. Mal hice en dejar salir

a mi Alfonso de la huerta;
que la más cerrada puerta
sabe la desdicha abrir.

(Sale Belardo.)

Belardo   Advierte, hermosa Raquel,
si tienes algo que temas,
que con turbado semblante
capas y espadas diversas,
caballeros de Toledo
hoy han entrado en la huerta.
No son de amistad señales,
sino de traición y fuerza.
Hablando están en secreto,
ya se paran, ya se acercan;
algunos vienen delante,
y algunos atrás se quedan.
No hay árbol donde no hagan
consejo; y es bien que adviertas
que consejo, y en el campo,
siempre es consejo de guerra.
Yo soy un pobre hortelano;
esto me enseñan las letras
que aprendí siendo muchacho,
en la corte y en la escuela.

Raquel   Labrador honrado y noble,
¿qué me dices?, ¿qué me cuentas?
¡Caballeros y con armas!
¡Ay Dios! No vienen a fiestas.
Así los cielos piadosos

tus trigos sembrados crezcan,
así como el cielo nieve,
lluevan lana tus ovejas,
así tus árboles lleven
fruta como el Tajo arenas,
que vavas a toda prisa,
y digas al rey que venga
a librarme de su furia.

Sibila   Voces dan.

(Beltrán, don Illán, y después don Blasco y otros; dichos.)

Beltrán (Dentro.)   Romped las puertas.

Beltrán   Huye, señora.

Raquel   No puedo.

Don Ilán (Dentro.) Entrad, hidalgos, y muera
la Circe que al rey cautiva,
y la hechicera Medea.

(Salen con las espadas desnudas don Blasco, Beltrán, don Illán y
otros caballeros.)

Raquel   ¿Buscaisme a mí, caballeros?

Don Blasco   Pues ¿quién quieres tú que sea
la que, siendo una mujer,
tantas espadas merezca?

Raquel	La que fue más desdichada,

Raquel

La que fue más desdichada,
pienso que mejor dijeras.

Don Ilán

¡Desdichada! ¿Por qué causa
por desdichada te cuentas?
¿No has gozado un rey siete años,
que ni su gente en la guerra,
ni su mujer en la paz
le han visto un hora siquiera?

Rey

¡Qué buen gozo, si este fin
es todo el bien que me queda
de haber ese rey gozado!
¡Pluguiera al cielo que fuera
un labrador como aquél!

Beltrán

Suplícole no me meta,
en sus historias a mí.

Raquel

¡Oh amor! De cualquier manera
has de acabar en desdichas.
¡Malditas tus glorias sean!

Beltrán

¿Qué queréis, si no es posible
que otro fin más dulce tenga?

Don Blasco

Caballeros,¿qué aguardáis,
si en la muerte desta Elena
vuestro remedio consiste
y el de toda España?¡Muera!

(Hiérenla.)

Raquel   Muero en la ley de mi Alfonso;
                testigos los cielos sean.
                Creo en Cristo, a Cristo adoro.

Beltrán   La ley de Cristo confiesa.

(Muere Raquel.)

Don Ilán   Muera su hermana Sibila.

Sibila   ¿A mí? ¿Por qué?

Don Ilán   Porque sea
                esta venganza famosa.

(Mata a Sibila.)

Beltrán   Muertas en su estrado quedan.
                ¿Quién eres tú?

Belardo   El hortelano
                soy yo, señor, desta huerta.

Beltrán   También éste ha de morir.

Belardo   Es verdad, cuando Dios quiera;
                pero agora, ¿por qué causa?

Beltrán   Que cuanto esta casa encierra,
                se ha de pasar a cuchillo.

Belardo	Oídme.

Beltrán

      ¿Qué?

Belardo

           Escuchad.

Beltrán

               Abrevia.

Belardo

Yo sé dónde está el tesoro,
plata, joyas y cadenas.

Don Blasco

No le matéis.

Don Ilán

        Alto, pues.
Adónde está nos enseña.

Belardo

Echad todos por aquí.

Beltrán

Vamos.

Belardo (Aparte.)

    (Si cojo la puerta,
no me ha de alcanzar el Cid
en su caballo Babieca.)

(Vanse.)

(Atrio del alcázar. el rey, Garcerán.)

Rey

¿Qué me dices, Manrique?

Garcerán

Señor, no descompongas
tu majestad, ni pongas

tu ilustre vida a pique
de que pierda Castilla
un rey, de todo el mundo maravilla.

Rey   Y ¡qué! ¿Será ya muerta?

Garcerán   Señor, tu entendimiento
                       te valga en tal tormento.
                       Yo los dejé a la puerta;
                       no dudes que han entrado,
                       y el blanco pecho en púrpura bañado.

Rey   Tráiganme postas luego.

Garcerán   Ya, señor, lo han oído,
                       y por ellas han ido.

Rey   ¡Qué temerario fuego!
                       Las entrañas me abrasa.
                       No ha de quedar ninguno de mi casa.

(La reina, el príncipe Enrique; dichos.)

Reina   Enrique, tú has de ir delante.

Enrique   Delante, señora, voy,
                       puesto que temblando estoy.

Rey   ¿Hay libertad semejante?
                       Pues ¡tú pareces aquí!

Reina   No vengo como mujer.

Tu hijo vengo a traer
por defensa contra ti.
Solo desta imagen soy
el marco que la guarnece;
si el retrato te parece,
mira que en su guarda estoy.
Mirarse un hombre en su hijo
es considerar que fue
pequeño, porque no esté
en su rigor firme y fijo.
Mírate, mi Alfonso, aquí
mira aquesta piedra fina;
no a mí, señor, que la mina
donde la hallaste fui.
M vida ya la desamo;
Porcia he de ser, si eres Bruto;
mas sírvete deste fruto,
ya que das al fuego el ramo.
No sé por qué el ver te espanta
la prenda que aquí te doy;
haz cuenta que jaula soy,
y éste el pájaro que canta.
Mira que te adoro y quiero,
cuando más daño me haces;
que bien puedes hacer paces
con tan honrado tercero.

Rey   ¿Es posible que te atrevas
                    a parecer a mis ojos?

Enrique   Padre, cesen los enojos.

Rey   ¿Cómo? ¡Que a hablarme te muevas!...

Enrique   Padre, el haberme engendrado
es para que si faltáis
del mundo, dejar podáis
otro vos en vuestro estado.
Pues si a mí me ha hecho Dios
otro vos, que es hoy tan cierto,
¿por qué, después que sois muerto,
no tengo de hablar por vos?

Rey   ¡Yo estoy muerto!

Enrique   Habrá siete años;
porque el vivir es obrar
las cosas en su lugar,
y no por medios extraños.
Si es vuestro oficio asistir
a Castilla, y no la veis;
si vivís y la perdéis,
¿qué es lo que llamáis vivir?

Rey   Caballos.

Garcerán   Ya, gran señor,
postas a la puerta están.
Pero es noche.

Rey   Garcerán,
ya no hay que tener temor.
Vamos a Illescas los dos,
y ¡ojalá sin vida llegue!

Garcerán   ¡Que tanto un error te ciegue!

Rey   Ruega, que me alumbre Dios.

(Vanse el rey y Garcerlán.)

Enrique   Madre, ¿no iremos tras él?

Reina   Aguarda; que viene gente.

(Don Blasco, Beltrán, don Illán, la reina, el príncipe.)

Don Blasco   Ya queda, reina excelente,
                  muerta en su estrado Raquel.

Reina   ¿Y el rey lo sabe?

Don Ilán   En la huerta
                  concerté con Garcerán
                  se lo dijese.

Reina   Hoy tendrán
                  paz sus reinos, Raquel muerta.

Beltrán   ¿Qué ha hecho?

Reina   Terribles cosas,
                  y por la posta se parte
                  a Madrid.

Don Blasco   Aconsejarte

quiero dos harto forzosas:
la primera, que le sigas;
la segunda, que le hables.

Reina   Blasco, entrambas son notables.
               Tiemblo de ir. No me lo digas.

Don Ilán   Señora, Raquel murió,
               y el rey se ha de consolar.
               Quien ama ha de porfiar,
               porque siempre amor venció.
               Habla al rey, lleva a tu hijo,
               para que su enojo acabes.

Reina   Bien parece que no sabes
               las rosas que a mí me dijo.
               Está muy fresco el dolor.

Don Ilán   Bien dice Guzmán, señora.

Reina   Y ¿cuándo iré?

Don Ilán   Luego.

Don Blasco   Agora.

Reina   Por la mañana es mejor.

Don Blasco   Antes del alba has de estar
               con él. Anímate y parte.

Enrique   Yo también quiero animarte,

pues te quiero acompañar.

Reina   Vamos, pues.

Enrique   Si con despecho
               te recibe, ponme a mí
               delante para que allí
               tope su espada en mi pecho.

(Vanse.)

(Posada del Rey en Illescas. el rey, Garcerán.)

Garcerán   Por descansar siquiera del camino,
               ¿no dormirás, señor, solo un momento?

Rey   ¿Cómo podrá dormir mi desatino?

Garcerán   Mira que el estrellado firmamento
               se viste de la luz del alba hermosa,
               purificando el aire en su elemento.
               Ya baja la mañana envuelta, en rosa,
               bañando sus mejillas de colores.
               Por Dios, ¿ha de mirarte vergonzosa?

Rey   Mira que los consejos son errores,
               Manrique amigo, en pechos obstinados.
               Yo lloro con razón.

Garcerán   No lo es que llores.

Rey   Vete, y descansa un poco.

Garcerán   Tus cuidados
quisiera descansar.

Rey   Vete, y no seas
pesado, amigo, si ellos son cansados.

Garcerán   Quiero dejarte.

Rey   Vuelve cuando veas
que un poco más el alba se declara.

Garcerán   Haré solo, señor, lo que deseas.

(Vase.)

(El rey, solo.)

Rey   Raquel hermosa, más que el cielo clara,
yo moriré muy presto: aguarda, espera.
Parece que, me escucha y que se para.
Ya pensarás que de tu muerte fiera
no he de tomar venganza. Espera un poco;
que no ha de quedar hombre que no muera.
¡Dichoso yo, si me volviese loco!
Señor, valedme: que me voy perdiendo,
mientras que más en mis desdichas toco.
Paréceme que estoy a Raquel viendo,
que, abierto el pecho, muere con mi
  nombre.
No me culpes, mi bien, pues no te ofendo.
No ha de quedar de todos vivo un hombre.

Blasco muera el primero, y Illán luego,
de muerte tan cruel, que a España asombre.
Beltrán de Hojas arderá en un fuego;
y aun este Garcerán me ha parecido
que no está libre. ¡A qué locuras llego!
Aguarda, hermoso espíritu, vestido
de resplandores del hermoso cielo,
desnudo quede amor, su cifra y nido,
o llévame contigo deste suelo,
teñido de tu sangre: que en cualquiera
parte que estés, la quiero yo por cielo.
¿Qué luz es ésta? ¿Si es Raquel? Espera.

(Óyese una música celeste y aparece un ángel al rey.)

Ángel   Alfonso, muy ofendido
está Dios de tus palabras,
de las blasfemias que dices
y de que tomes venganza.
Vuelve a ti; que si no enmiendas
lo que has dicho y lo que tratas,
grande castigo te espera,
notable rigor te aguarda.
Dios quiere, para que entiendas
lo que a Dios le desagrada
el sentimiento que has hecho,
que no te herede en tu casa
hijo varón; morirán
sin el reino, por desgracias.
Vuelve en ti, no digas cosas
que aun a las piedras espantan,
cuanto más al cielo, a quien

debes eterna alabanza.

(Vase.)

Rey   Pequé, Señor, ofendí
                        vuestra majestad; perdón.

(Garcerán, el rey.)

Garcerán (Saliendo) ¡Qué terrible confusión!
                        ¿Voces el rey?

Rey   ¡Ay de mí!

Garcerán   Señor,¿de rodillas vos?

Rey   Pues ¿deso te maravillas?
                        ¿No estará un rey de rodillas
                        a un embajador de Dios?

Garcerán   Luz hallé en el aposento
                        cuando entré; ya va faltando...

Rey   Es que yo la voy tomando,
                        y de tinieblas saliendo.
                        ¿No hay una imagen aquí
                        de gran devoción y fama?

Garcerán   De la Caridad se llama.

Rey   Garcerán, llévame allí.

Garcerán   Señor, diferente os hallo;
                  idme diciendo lo que es.

Rey   Haz cuenta que a Pablo ves
                  derribado del caballo.

(Vanse.)

(Vista exterior de la iglesia de la Caridad en Illescas. La reina, el
príncipe, don Blasco, don Illán, Beltrán, Clara.)

Reina   Aquí dicen que está; que no ha partido.

Don Ilán   Bien le puedes hablar.

Reina   Primero quiero
                  hablar con Dios.

Don Blasco   Ese principio ha sido
                  siempre el mejor, más cierto y verdadero.

Reina   La fama que esta imagen ha tenido,
                  y lo que de la Santa Reina espero,
                  divino original de su hermosura,
                  dichoso fin en todo me asegura.
                  Entremos en el templo; que sospecho
                  que ha de ser de los dos puerta dorada.

Enrique   Hoy mueva el cielo de mi padre el pecho
                  en nido de paloma tan sagrada.

Reina   Yo haré labrarla del cimiento al techo,

si me otorga esta paz.

Beltrán   Será llamada
Casa de Paz.

Don Blasco   ¿Qué caridad más justa?
¡Oh virtud, de que el cielo tanto gusta!

(Entran en la iglesia.)

(Interior de la iglesia. La reina, el príncipe, Clara, don Blasco,
Beltrán, don Illán.)

Reina   Hacia, aquella parte oscura
a rezar, Blasco, me aparto.
Toda la gente desvía.

Don Blasco   Apartémonos, hidalgos.

(Descubren la imagen y la reina se hinca de rodillas y se echa el
manto.)

Don Ilán   ¿Sola una lámpara tiene
casa de tantos milagros?

Beltrán   Gastan todas las limosnas
que dan a este templo santo
en sustentar pobres viudas,
vestir pobres y curarlos.

Don Ilán   ¡Obra santa!

Don Blasco   Y bien grandiosa
Fue prenda, al fin, de tal mano.

Beltrán   ¿Cómo vino aquí?

Don Blasco   Ilefonso,
de Toledo pastor santo,
la tenía en su oratorio
por un celeste regalo
y la envió a dos beatas
para consuelo y amparo,
y en su casa le hicieron
un templo, hasta que ha llegado
a la grandeza que hoy vemos.

(El rey, Garcerán, dichos.)

Rey   Entra, amigo; que me abraso.

Garcerán   Descubierta está la Virgen.

Rey   La fuente es donde aguardo
que ha de aplacarse la yerba
con que tiró mi pecado.
Oscuro está, bien me viene.
Quiero dar gritos.

Garcerán   Callando,
oye Dios.

Rey   Ya lo sé, amigo.

Garcerán   Pide perdón.

Rey (De rodillas.)   Ese aguardo.
                        Virgen...

Reina   Muy bien sabéis vos...

Rey   Mi culpa...

Reina   Que sois mi amparo.

Rey   Perdonalda.

Reina   Y siendo ansí...

Rey   Vuestro amor...

Reina   Mi Alfonso amado...

Rey   Me guíe.

Reina   Tenga perdón.

Rey   Pues sois estrella...

Reina   Miraldo...

Rey   A mi Leonor...

Reina   Que su amor...

Rey   Me llevad.

Reina   Le trae conturbado.

Rey   ¡Garcerán!

Garcerán   Señor, ¿qué tienes?

Rey   Llega a quien está rezando
aquí delante, y dirás
que rece un poco más bajo;
que me divierten sus quejas.

Garcerán
(A la reina.)   Cierto hidalgo apasionado
suplica a vuestra merced,
no que suspenda su llanto,
ni su devoción no ostente,
y a este Sol divino y claro
pida su luz, mas que un poco
baje la voz, entre tanto
que hace una cuenta, que está
confusa entre miedo y llanto,
y le divierten las voces.

Reina   Decid, señor, a ese hidalgo,
que yo he perdido un marido
tal, que aunque entre Alfonso octavo,
no es mejor, y que consiste
en el pedirlo el cobrarlo;
que me perdone por Dios.

Garcerán   Justo es, señora, estimarlo,

(Vuelve al rey.)

Reina
(Aparte al príncipe)¿No es Garcerán?

Enrique   Él parece.
                  ¿Si está aquí mi padre amado?

Reina   Si él está aquí, Virgen bella,
                  nuestras pares os encargo.

Rey   Déjala, amigo, que llore.
                  Por ventura podrán tanto
                  sus lágrimas, que enternezcan
                  aqueste pecho de mármol.

(Clara se pone de rodillas al lado de Garcerán.)

Clara   ¡Ah caballero! ¿Qué digo?
                  Garcerán!

Garcerán   Al alma ha dado
                  nueva vida aquesa voz.
                  ¡Clara hermosa!

Clara   Habla más paso.
                  La que hablaste era la reina.

Garcerán   ¡Santo Dios! Y el rey, mudado
                  del intento que tenía,
                  es el que está suspirando.

Luego vuelvo.

(Vuélvese Clara junto a la reina.)

                         Gran señor,
          la reina...

Rey   ¿Llora su agravio?

Garcerán   Está aquí.

Rey   Y tiene razón.

(Habla Garcerán bajo al rey.)

Reina (A Clara.)   Al irse, quedé dudando
                    si era Garcerán amigo.

Clara   El rey, dijo, que ha mudado
                    el intento que tenía,
                    y viene a buscar tus brazos.
                    ¿Ves el bulto?

Reina   Bien le veo.
                    Mueva Dios su pecho airado.
                    Quiero hablar, porque me entienda.

Rey (A Garcerán.) Estaba, amigo, rezando
                    No te entendí, y ya me alegro
                    de las nuevas que me has dado.

Enrique   El cielo ablande su pecho.

Reina   De Dios espero el amparo.

Rey   ¡Ay reina del alma mía!
               ¿Dejas de pedir tu agravio,
               y procuras mi perdón?
               Garcerán, ¿has escuchado
               quejas tan enternecidas,
               agravios que obliguen tanto
               a pedir perdón, a amar,
               a olvidar el reino y mando,
               y arrojándome a sus pies,
               decirle yo su cuidado?
               La humildad obliga a Dios
               y perdón alcanza el llanto.

(Llégase a la reina.)

Reina   ¡Ay Jesús!

Rey   Yo soy, señora.
               Virgen, juramento os hago
               en señal que viví ciego,
               y por vos la vida aguardo,
               de adorar a mi Leonor
               mientras de mi vida el plazo
               llega a sus últimos fines,
               deuda que pagar aguardo.

(Abrázanse.)

Reina   Indigna soy de esos brazos.

| Garcerán | Llegad todos, caballeros. |

| Beltrán | ¿Qué gente es ésta? Apartaos. |

| Garcerán | El rey es. |

Don Blasco   ¡Señor!

Rey   Amigos,
conozco que anduve errado.
Nadie lo pasado trate.

Don Ilán   Es muy justo.

Enrique   Padre amado,
menos airado, bien puedo
pedir la mano.

Rey   Y mis brazos.
Volvámonos a Toledo,
donde mil fiestas hagamos.

Don Blasco   Prevendrémoslas al punto.

Don Ilán   Aquí se acaba, senado,
Las paces de los dos reyes,
historia de Alfonso octavo.

Fin

Libros a la carta

A la carta es un servicio especializado para
empresas,
librerías,
bibliotecas,
editoriales
y centros de enseñanza;
y permite confeccionar libros que, por su formato y concepción, sirven a los propósitos más específicos de estas instituciones.

Las empresas nos encargan ediciones personalizadas para marketing editorial o para regalos institucionales. Y los interesados solicitan, a título personal, ediciones antiguas, o no disponibles en el mercado; y las acompañan con notas y comentarios críticos.

Las ediciones tienen como apoyo un libro de estilo con todo tipo de referencias sobre los criterios de tratamiento tipográfico aplicados a nuestros libros que puede ser consultado en Linkgua-ediciones.com.

Linkgua edita por encargo diferentes versiones de una misma obra con distintos tratamientos ortotipográficos (actualizaciones de carácter divulgativo de un clásico, o versiones estrictamente fieles a la edición original de referencia).

Este servicio de ediciones a la carta le permitirá, si usted se dedica a la enseñanza, tener una forma de hacer pública su interpretación de un texto y, sobre una versión digitalizada «base», usted podrá introducir interpretaciones del texto fuente. Es un tópico que los profesores denuncien en clase los desmanes de una edición, o vayan comentando errores de interpretación de un texto y esta es una solución útil a esa necesidad del mundo académico.

Asimismo publicamos de manera sistemática, en un mismo catálogo, tesis doctorales y actas de congresos académicos, que son distribuidas a través de nuestra Web.

El servicio de «libros a la carta» funciona de dos formas.

1. Tenemos un fondo de libros digitalizados que usted puede personalizar en tiradas de al menos cinco ejemplares. Estas personalizaciones pueden ser de todo tipo: añadir notas de clase para uso de un grupo de estudiantes, introducir logos corporativos para uso con fines de marketing empresarial, etc. etc.

2. Buscamos libros descatalogados de otras editoriales y los reeditamos en tiradas cortas a petición de un cliente.